로마,
그리스도인으로 걷다

로마,
그리스도인으로 걷다

김미화 지음

어문학사

머리말

로마는 예루살렘 다음으로 기독교 신앙의 중요한 성지이다. 사도 베드로와 바울이 복음을 전파하기도 전에 로마에는 이미 가정 교회가 세워졌었다. 그래서 베드로와 바울이 로마를 방문했을 때, 로마 그리스도인들은 그들의 중요한 동역자가 되어주었다. 로마 황제의 기독교 박해 시기 수많은 로마 그리스도인들이 순교했다. 그 순교의 피가 신앙의 유산이 되어, 로마는 지금까지 그리스도인들이 순례하는 성지가 되었다.

로마의 성지를 제대로 살피기 위해서는 로마의 유적지와 로마 역사를 함께 이해할 필요가 있기에, 이 책에서는 유적지와 역사 속에서 기독교적인 의미를 조명해 보고자 노력했다. 크게 사도 바울과 베드로의 흔적, 예수님의 열두 제자들의 흔적, 기독교를 박해했던 황제들, 그리스도인들의 지하 공동묘지 카타콤베, 초기 기독교 가정 교회 등으로 나누어 담았다.

　내가 로마 근교에서 산 지 벌써 20년이 넘었다. 때때로 나는 왜 이 탈리아 로마, 그것도 로마 근교 라티나라는 곳에서 살고 있는지 하나님께 묻곤 했었다. 대답을 들은 적은 없었다. 이탈리아 사람과 결혼하고 가정을 꾸리고 그래서 라티나가 보금자리가 된 것일 뿐이라는 단순한 대답이 아니라 기독교인으로서의 의미를 알고 싶었다. 우리의 삶은, 우리가 선택하는 것처럼 보이더라도 결국 하나님의 계획 안에서 움직인다는 것을 알기 때문이다.

　나는 라티나에 산 지 20년 만에 라티나가 나에게 주는 의미가 무엇인지를 알게 되었다. 바로 로마 성지에 대한 글을 쓰면서이다. 사도 바울이 로마에 온다는 소식을 듣고 로마의 기독교인들이 로마 남쪽 '압비오(Via Appia를 이르는 말) 광장'과 '삼관(Three Taverns)'이라는 곳까지 마중 나왔다는 말씀이 사도행전 28장 15절에 나오는데, 그 압비오 광장과 삼관이 내가 사는 라티나(Latina)였다는 것을 알게 되었다.

　　형제들이 우리의 소식을 듣고 압비오 광장과 삼관까지 마중 나와 바울을 보고 하나님께 감사하고 담대한 마음을 얻으니라

　나는 사도 바울을 맞이했던 로마 그리스도인들의 마음으로 로마 성지 책을 썼다. 20년 동안 로마를 그저 구경만 했다면, 지난 1년은 로마를 그리스도인으로서 밟고, 기도하고, 말씀 읽으며 유적지와 성지를 공부했다.

로마에서 기독교가 시작된 것은 2천 년 전, 바울 시대부터다. 현재 로마는 가톨릭 교회의 중심지이다. 그래서 16세기부터 시작된 개신교의 관점으로 로마의 성지를 보고 이해하는 것에는 혼란스러운 부분이 있는 게 사실이다.

예를 들어 로마 한국어 여행 책자에 로마 교회들은 '성 베드로 성당'처럼 '성당'으로 적혀있는 게 일반적이다. 그런데 이태리어로 성당과 교회는 모두 'chiesa(교회)'이다. 나는 개신교의 시점에서 로마의 성지를 이해하려는 의도로, chiesa를 번역할 때 모두 '교회'로 통일했다.

또한 로마 가톨릭은 '성물'에 많은 의미를 둔다. 개신교인들에게는 성물 자체가 아니라 성물이 가진 의미를 묵상하는 것이 중요하다. 비록 이 책에 성물이나 성지에 관련되어 전해지는 기적들을 적긴 했지만, 비성경적인 우상으로 곡해되지는 않기를 바란다. 이 세상에서 눈에 보이는 것 중 가장 중요한 것은 '성경'밖에 없다. 또한 나는 이 책에 로마의 웅장한 교회 건축들과 세계적인 예술 작품, 로마 기독교 역사와 연결된 교황들에 대한 이야기를 썼다. 이것은 단지 역사와 예술에 대한 감탄일 뿐, 숭배나 찬미는 아니다. 성부 성자 성령 삼위일체 하나님 외에는 높여질 것이 없다.

로마는 단순히 고대 유적지를 관광하는 곳이 아니다. 하나님을 믿지 않던 사람도 로마를 통해 살아계신 하나님을 만날 수 있다고 말해도 좋을 정도로, 로마에는 생생한 신앙의 역사가 살아 숨 쉬고 있다. 이미 믿음이 있는 신자라면, 로마 성지순례는 신앙의 뿌리를 되새기고 깊은 영적 깨달음을 얻는 그리스도인의 여정이 될 것이다. 그리하여 모든 길이 왜 로마로 통했는가라는 물음에 내가 비로소 찾은 답은 바로 이것이다. 로마에서 예수님을 만날 수 있기 때문이다.

목차

머리말 – 5

1장 바울의 자취

1. 바울의 셋집 ··· 15
    - 성 바울 레골라 교회 San Paolo alla Regola
2. 스페인으로 출항한 바울의 복음 ··· 20
    - 오스티아 안티카 Ostia Antica
3. 바울이 사형을 선고받은 로마의 공회장 ··· 26
    - 포로 로마노 Foro Romano
4. 바울의 머리가 닿은 곳에 샘물이 솟다 ··· 36
    - 세 분수 교회 L'Abbazia delle Tre Fontane
5. 사도 바울 순교자에게 ··· 43
    - 성 밖의 바울 교회 Basilica San Paolo fuori le mura

2장 베드로의 자취

6. 주여, 어디로 가시나이까 ··· 53
    - 쿼바디스 교회 Chiesa del Domine Quo Vadis
7. 베드로를 인도하신 예수님의 발자국 ··· 62
    - 성 밖의 세바스찬 교회 San Sebastiano fuori le mura

8. 감옥에서 피어난 세례의 기적　　　　　　… 68
　　- 마메르티노 감옥 Mamertine Prison

9-1. 반석 위에 내 교회를 세우리니　　　　　… 74
　　- 성 베드로 교회 ① Basilica di San Pietro

9-2. 베르니니 작품으로 만나는 성경　　　　　… 80
　　- 성 베드로 교회 ② Basilica di San Pietro

10. 쇠사슬로 하나 된 로마와 예루살렘　　　　… 88
　　- 쇠사슬의 성 베드로 교회 Basilica di San Pietro in Vincoli

3장 예수의 제자, 12사도의 자취

11. 어린 양의 피를 세계에 증거한 12사도　　　… 103
　　- 라테라노 성 요한 교회 Basilica di San Giovanni in Laterano

12. 거룩한 사도들의 광장　　　　　　　　　　… 123
　　- 12사도 교회 Basilica dei Santi XII Apostoli

13. 이방의 신전 위에 세워진 교회　　　　　　… 130
　　- 사도 바르톨로메오 교회 Basilica di San Bartolomeo all'Isola Tiberina

14. 마태의 소명, 마태의 영감, 마태의 순교　　　… 137
　　- 산 루이지 데이 프란체시 교회 San Luigi dei Francesi

4장 기독교를 박해한 로마 황제들

15. 기독교 박해의 서막　　　　　　　　　　　… 149
　　- 황금 궁전 Domus Aurea, 네로 황제

16. 올림픽 경기장에서 요한계시록이 시작되다　… 158
　　- 나보나 광장 Piazza Navona, 도미티아누스 황제

17. 기독교 순교자의 마지막 기도　　　　　　　… 167
　　- 치르코 마시모 Circo Massimo, 트라야누스 황제

18. 로마에는 축복을, 그리스도인에게는 죽음을 … 174
　　- 트라야누스 시장Mercati di Traiano, 트라야누스 황제
19. 오순절 꽃잎으로 피어난 그리스도인의 피 … 181
　　- 판테온Pantheon, 하드리아누스 황제
20. 천사의 기적이 머문 곳 … 190
　　- 천사의 성Castel Sant'Angelo, 하드리아누스 황제
21. 10203, 멍에의 역사 위에 세워진 거룩한 안식처 … 199
　　- 순교자와 천사의 산타 마리아 교회Basilica S. Maria degli Angeli e dei Martiri

5장 초대 교회

22. 그들은 내 목숨을 위하여 자기 목까지도 내놓았나니 … 207
　　- 브리스가 교회Chiesa di S. Prisca
23. 로마 최초 가정 교회 … 214
　　- 푸덴치아나 교회Basilica di Santa Pudenziana
24. 예수님이 묶이셨던 돌기둥 … 220
　　- 프라세데 교회Basilica di Santa Prassede
25. 로마의 대표 속사도 클레멘트 … 224
　　- 성 클레멘트 교회Basilica di San Clemente
26. 교회 음악의 수호 성녀 체칠리아 … 232
　　- 체칠리아 교회Basilica di santa Cecilia in Trastevere

6장 카타콤베

27. 베드로와 바울을 기리며 … 245
　　- 세바스찬 카타콤베Catacombe di San Sebastiano
28. 부활을 꿈꾸며 잠들다 … 250
　　- 칼리스토 카타콤베Catacombe di San Callisto

29. 카타콤베의 여왕 ... 259
- 프리실라 카타콤베 Catacombe di Priscilla

30. 군인의 창에서 주님의 복음으로 ... 264
- 도미틸라 카타콤베 Catacombe Domitilla

7장 로마의 유대인 역사

31. 세계에서 가장 오래된 유대인 지역 ... 273
- 로마 게토 Ghetto

32. 로마 백성의 함성에 묻힌 유대인들의 곡성 ... 281
- 콜로세움 Colosseo

8장 로마 성지의 오벨리스크

33. 로마 성지에는 왜 오벨리스크가 있을까? ... 293
- 13개의 오벨리스크 obelisk

9장 아우구스투스 황제 때 태어나신 예수님

34. 예수님은 왜 아우구스투스 황제 때 태어나셨을까? ... 309
- 아우구스투스 황제의 영묘와 평화의 제단 Ara Pacis

10장 루터의 자취

35. 개신교의 탄생, 루터의 종교개혁 ... 321
- 포폴로 광장의 산타 마리에 델 포폴로 교회 Santa Maria del Popolo

1장

바울의 자취

1.
바울의 셋집
- 성 바울 레골라 교회
San Paolo alla Regola

바울이 로마의 셋집에 2년간 머물렀음을, 누가는 사도행전 28장 30-31절에 기록하고 있다.

> 바울이 온 이태를 자기 셋집에 머물면서 자기에게 오는 사람을 다 영접하고 하나님의 나라를 전파하며 주 예수 그리스도에 관한 모든 것을 담대하게 거침없이 가르치더라

로마에 아직도 바울의 셋집이 있다는 것을 아는 이는 많지 않다. 한때 바울이 머물렀던 집터에는 현재 교회가 세워져 있다. 로마 '레골라' 지역에 있는 사도 바울을 기념하는 교회(San Paolo alla Regola)'이다. 셋집은 로마 유대인 주거지역 게토(ghetto)에 있다. 많은 관광객들이 찾는 꽃

의 광장(Campo dei fiori) 근처이다. 로마의 골목길을 헤매듯 걷다가 마침내 바울의 셋집이었던 곳을 발견하면, 보물을 찾은 듯 절로 환한 미소가 지어진다.

❖ 바울 셋집에 세워진 교회(San Paolo alle Regola)

바울의 네 개의 서신이 이곳에서 쓰였다고 하니 순례자의 마음이 설레지 않을 수 없다. 옥중서신이라 불리는 에베소서, 빌립보서, 골로새서, 빌레몬서이다.

✢ 바울 셋집 교회 내부 제단 위에 있는 그림. 참수당하기 직전의 바울을 묘사했다.

바울 셋집 위에 처음 교회를 만든 이는 4세기 교황 실베스테르(Silvestro)다. 현재 모습으로 개축된 것은 16세기이고, 지금은 성 프란치스코 수도회에 속해있다. 제단 위에 그려진 세 개의 커다란 벽화가 성 바울 사도를 기념하는 곳임을 보여주고 있다. 바울이 머물렀던 방이 있던 곳은 이 제단 옆 오른쪽 경당에 있다.

제단 위 세 개의 그림 중 왼쪽에서부터 첫 번째가 복음을 전하는 바울인데 그의 머리 위 하늘에 천사들이 있다. 두 번째는 바울이 다메섹 도상에서 예수님의 음성을 듣고 말에서 떨어지는 장면이다. 세 번째는 바울이 참수당하는 장면이다. 제단 오른쪽 경당으로 들어가는 입구 위에는 '성 바울 사도가 머물렀고 가르쳤다(DIVI PAVLI APOSTOLI HOSPITIVM ET SCHOLA)'라는 글귀가 쓰여있다.

✣ 바울이 머물렀던 방 위에 세워진 경당

사도 바울을 만나는 마음으로 경당 안으로 들어가 본다. 작은 제단 위에 사도 바울 그림이 걸려있다. 이곳 지하가 사도 바울이 머물렀던 방이다. 바울은 아우구스투스 황제 때 지어진 4층짜리 건물의 방 한 칸을 빌려 살았다. 이런 건물을 인술라(Insula)라고 하는데, 1층에는 가게와 창고가 있고 2층부터 주거용으로 사용하는 일종의 고대 로마식 서민용 주상 복합이다. 바울은 주거 층이 아닌 1층 곡식 창고 옆방에 머물렀다고 하니, 강의 습한 기운 탓에 겨울에는 방 안에서도 뼈가 시리게 추웠을 것이다.

교회 밖으로 나오면 바로 근처에 테베레강이 있다. 바울도 로마에 있는 동안 이 테베레 강변을 오갔을 것이다. 바울 셋집 이름이 '레골라의 성 바울'인 것도 테베레강의 '고운 모래'라는 '레눌라(renula)'에서 유래한 것이다.

레골라 지역의 작은 셋집에서 바울은 로마에 복음을 전하는 데 '담대하게 거침없이 가르쳤다(사도행전 28:31)'. 담대함과 거침없음이 어떤 마음에서 나왔는지는, 셋집에서 쓴 빌립보서 1장 20-21절이 말해주는 것 같다.

나의 간절한 기대와 소망을 따라 아무 일에든지 부끄러워하지 아니하고 지금도 전과 같이 온전히 담대하여 살든지 죽든지 내 몸에서 그리스도가 존귀하게 되게 하려 하나니 이는 내게 사는 것이 그리스도니 죽는 것도 유익함이라

2.

스페인으로 출항한 바울의 복음
- 오스티아 안티카
Ostia Antica

사도 바울은 로마 감옥에서 풀려나자 전도 여행의 최종 목적지였던 서바나(스페인)로 떠난다. 성경에는 바울의 4차 전도 여행에 대한 기록은 없다. 바울이 로마에서 복음을 전했다는 것으로 사도행전 28장이 끝나기 때문이다. 그래서 이 시기 바울의 행적은 바울과 함께 로마에 있었던 누가의 기록을 바탕으로 가늠된다. 누가는 바울이 로마에서 2년을 보냈다고 기록했다. 그러니 바울이 로마에 처음 도착한 해를 60년으로 잡으면, 그가 62년까지는 로마에 있었다고 추정할 수 있다.

바울이 로마에서 서바나로 갔으리라는 것은 바울의 로마서 15장 28절을 통해서 짐작할 수 있다.

그러므로 내가 이 일을 마치고 이 열매를 그들에게 확증한 후에 너

희에게 들렀다가 서바나로 가리라

바울의 제자였던 로마 주교 클레멘테도 고린도에 보내는 편지에서 바울이 로마에서 2년 동안의 가택 연금 상태의 감옥에서 풀려난 후 서바나로 전도 여행을 떠났다고 기록하고 있다.

서바나로 가기 위해서는 로마의 항구 오스티아에서 배를 타야 했다. 로마에서 오스티아 항구까지는 30킬로미터이고 고대 시대에는 걸어서 사흘 길이었다. 클레멘테는 바울과 오스티아 항구까지 동행했다고 기록하고 있다.

✤ 오스티아 안티카를 관통하는 도로. 바울은 오스티아 항구로 가기 위해 이곳을 걸었다.

바울은 로마에 처음 올 때 예루살렘에서 배를 타고, 이탈리아 남쪽 몰타섬과 시칠리아를 거쳐 나폴리의 보디올 항구에서 내렸다. 보디올 항구에서부터는 아피아 가도를 따라 로마까지 걸었고, 그렇게 도착한 로마에서 다시 서바나로 떠날 때는 로마의 서쪽 지중해 항구인 오스티아를 거쳤다. 오스티아 항구는 로마의 테베레강 하구, 지중해를 만나는 곳에 있다. 로마 황제에 의해 건설된 최초의 로마식 항구도시였던 오스티아는 인구가 5만에 이르는 발달된 상업도시였다.

오스티아는 기원전 7세기, 로마 왕정 시대 4대 왕인 앙쿠스 마르키우스에게 정복되며 처음으로 로마 땅이 되었다. 앙쿠스 마르키우스는

❖ 2천 년 전 오스티아를 엿볼 수 있는 유적

오스티아 바닷가의 소금과 곡물을 원했다. 시오노 나나미의 『로마인 이야기』 1권에도 오스티아에 대한 묘사가 나온다.

> 오스티아 주변의 모래밭에서는 소금이 생산되고 있었기 때문에 염전 사업도 수중에 넣게 되었다. 당시 로마에서는 경제활동이 물물교환 방식으로 이루어졌기 때문에 소금을 쉽게 얻을 수 있다는 것은 큰 이점으로 작용했다.
>
> 시오노 나나미, 『로마인 이야기』 중에서

로마 왕정 시대가 끝나고 공화정 시대가 밝자, 오스티아는 식민지로부터 많은 물자와 수입품이 들어오는 항구로서 더욱 발전한다. 로마 정부는 중요한 무역 항구를 보호하기 위해 이곳에 해군기지도 건설한다.

바울이 오스티아 항구를 통해 서바나로 갔던 시기는 로마제정 시대로, 클라우디우스 황제에서 네로 황제로 이어지는 시기였다. 스페인으로 떠나기 전, 오스티아 곳곳에 세워진 이방 신전들과 신도시에 넘치는 향락 및 사치를 보는 바울의 마음이 무거웠을 것 같다.

현재 오스티아 안티카는 2천 년 전의 도시를 세계에서 가장 잘 엿볼 수 있는 장소로 평가된다. 화산재에 덮였던 폼페이보다 더 큰 규모를 자랑하며, 그보다 더 잘 보존되고 있다.

✽ 베드로가 도착한 오스티아 항구

바울이 오스티아 항구에서 스페인으로 떠났다면, 베드로는 오스티아 항구를 통해 로마로 들어온 것으로 전해진다.

오스티아 항구에서 로마까지는 작은 배를 타고 갈 수 있다. 지금도 오스티아 안티카와 로마를 오가는 배가 운영되고 있다. 베드로는 배를 타고 로마 주요 부두였던 아벤티노 언덕 근처에서 내렸고, 아벤티노 언덕에 살고 있던 기독교인 아퀼라와 프리실라 집에서 처음에 머물렀었다고 전해진다.

✤ 모자이크 바닥에 그려진 물고기 그림을 통해
이곳이 과거 항구 사무소 자리였음을 짐작할 수 있다

어부였던 베드로가 세계 중심이었던 로마의 항구에 도착했을 때 어떤 인상을 받았을까. 물고기 몇 마리 잡아 생계를 유지하던 작은 마을 어부가, 대량 물자가 오가는 도시 항구를 보고 내심 놀라긴 했을 것 같다. 로마 오스티아 항구에 도착하는 외부 상품들은 항구 사무실에서 세금을 내야했다. 오스티아 안티카 부둣가 근처에 가면 모자이크 바닥에 물고기, 동물, 곡물 등의 그림이 그려진 곳을 볼 수 있는데 이곳이 상품을 분류하고 세금을 매겼던 곳이다.

물고기를 낚는 어부였던 베드로는 사람을 낚는 어부가 되어 로마 오스티아 항구에 도착했다. 그는 갈릴리 바다에서 예수님을 바라보며 바다도 걸었던 것을 기억했다. 풍랑이 무섭다는 생각이 들자 두려움으로 바다에 빠졌던 기억도 있었다. 이제 성령에 사로잡혀 사람을 낚는 어부가 된 베드로는 우리 인생이 두 가지밖에 없다는 것을 깨달았을 것 같다. 예수님을 믿고 바다를 걸을 것인가, 바다를 두려워하고 빠질 것인가.

3.

바울이 사형을 선고받은 로마의 공회장
- 포로 로마노
Foro Romano

✽ 유대인 치욕의 상징

: 티투스 개선문(Arco di Tito)

개선문은 황제의 업적을 기념하고, 전쟁에서 승리하고 돌아온 후 행렬하는 곳이다. 로마의 개선문은 대부분 제정 시대에 세워졌고 4세기에 36개의 개선문이 있었다. 현재 로마에는 3개의 개선문만 남아있는데, 그중 가장 오래된 개선문이 티투스 개선문이다. 콜로세움을 완공한 티투스 황제가 죽고, 티투스의 동생 도미티아누스가 황제가 된 후 티투스의 업적을 기리기 위해 세웠다(81년).

티투스 개선문에는 티투스가 예루살렘을 파괴시키고 솔로몬 성전의 보물을 로마로 가져오는 장면이 부조로 묘사되고 있다. 솔로몬 성전에서 가장 중요한 메노라(Menorah) 촛대와 성찬대도 있다. 유대인이

✤ 티투스 개선문

포로로 끌려오는 모습도 있다. 이 개선문은 로마에게는 승리의 상징이지만, 유대 역사에서는 치욕스러운 '디아스포라'의 시작을 의미하기도 한다.

디아스포라 역사가 끝나고 이스라엘 국가가 탄생하자, 티투스 개선문의 메노라 촛대가 1949년 이스라엘 국가의 상징으로 선택되었다. 수세기 동안 로마의 유대인들은 티투스 개선문 아래로 지나가는 것을 거부했다. 이스라엘 국가가 탄생한 후 로마를 방문한 유대인들은 개선 행렬과 반대 방향으로 티투스 개선문을 지나가기도 했다.

티투스 개선문은 중세에도 유대인에게 처참한 역사를 안겨주었다. 중세 시대 로마의 유대인들이 교황에게 토라 두루마리를 선물하면 교황은 이를 땅에 던져버렸고, 탈무드를 불태우기도 했다. 일부 교황은 취임할 때 이 개선문을 통과하는 행렬을 했다.

* **화살에 맞아 순교한 세바스찬을 기리다**
  : **세바스찬 교회**(Chiesa di San Sebastiano al Palatino)

콘스탄티누스 개선문 뒤쪽 전차 경기장 방향에 있는 포로 로마노 입구로 들어가면 팔라티노 언덕으로 바로 오를 수 있고, 그곳에서 세바스찬 교회를 쉽게 찾을 수 있다. 이 건물이 지어진 것은 10세기경이

✤ 팔라티노 언덕에 있는 세바스찬 교회

지만, 현재의 모습은 1624년 교황 우르바노 8세가 재건축한 것이다. 세바스찬 교회가 세워지기 전에는 태양신을 모시는 신전이었다. 교회 옆으로 태양신 신전의 흔적이 아직도 남아있다.

세바스찬은 프랑스에서 태어났으며, 밀라노에 왔다가 로마에서 핍박받는 기독교인들을 돕기 위해 로마의 군인이 되었다. 당시 황제 디오클레티아누스는 세바스찬이 비밀리에 기독교인들을 돕고 있다는 사실을 알게 되자 그를 공개 처형했다. 기둥에 묶어놓고 화살을 쏘아 죽이는 형벌이었다. 세바스찬은 팔라티노 언덕, 현재의 세바스찬 교회 자리에서 화살을 고슴도치처럼 맞고 죽게 된다.

궁수들은 야생동물의 먹이가 되도록 세바스찬을 들판에 버렸다. 그날 밤 기독교인 이레네(Irene)가 다른 기독교인들과 함께 세바스찬을 묻어주려 그를 찾아간다. 그들이 발견한 세바스찬은 기적처럼 아직 숨을 쉬고 있었다. 이레네는 팔라티노 언덕에 있는 그녀의 집까지 세바스찬을 데려가 상처를 치료해 주었다.

세바스찬은 이레네의 보살핌을 받아 회복했지만, 살기 위해 도망가

❖ 도미티아누스 황제의 경기장.
화살을 맞고도 살아난 세바스찬은 이곳에서 채찍질을 당해 끝내 순교했다.

는 대신 화살을 맞았던 신전터로 되돌아간다. 신전 계단에서 그는 자신의 기독교 신앙을 선포하며 황제에게 기독교인 박해를 멈출 것을 호소했다. 디오클레티아누스 황제는 다시 살아난 세바스찬을 채찍질해서 죽이라고 명령했다. 세바스찬은 근처에 있는 도미티아누스 황제 경기장으로 끌려가서 순교하게 된다(304년). 세바스찬 교회 근처는 도미티아누스 황제의 궁터와 아우구스투스 황제의 궁터가 있었던 곳이다.

디오클레티아누스 황제는 기독교인들이 세바스찬을 매장하고 숭배하는 것을 막기 위해 그의 시신을 테베레강 하수구에 던졌다. 그러나 루치나라는 여인의 꿈에 세바스찬이 나타나 아피아 가도에 있는 묘지에 자신을 묻으라고 말해주었고, 기독교인들이 그의 시신을 찾아냈다. 그리하여 세바스찬은 아피아 가도, 현재의 세바스찬 카타콤베에 매장되었다.

* 사도 바울의 마지막 재판장
: 바실리카 율리아(Basilica Giulia)

만일 내가 불의를 행하여 무슨 죽을 죄를 지었으면 죽기를 사양하지 아니할 것이나 만일 이 사람들이 나를 고발하는 것이 다 사실이 아니면

아무도 나를 그들에게 내줄 수 없나이다 내가 가이사께 상소하노라 한대

사도행전 25:11

    4차 전도 여행을 마친 바울은 다시 로마로 돌아왔다. 카이사르에게 상소하기 위해서였다. 그가 사형당하기 전 카이사르에게 호소했던 마지막 재판 장소가 포로 로마노의 바실리카 율리아였다.

    사도 바울이 사형 선고를 받은 곳이 바실리카 율리아였을 것이라는 주장은 바실리카 율리아가 로마에서 가장 중요한 법원이다는 사실을 근거로 한다. 게다가 사도 바울은 로마 시민권을 가지고 있었기 때문에 이 법정에서 최종 재판을 받았을 것이라 한다. 바실리카 율리아 안에는 총 네 개의 법정이 있었다.

✢ 사도 바울이 사형 선고를 받은 바실리카 율리아

바실리카의 역사는 꽤나 기구하다. 기원전 54년 율리우스 카이사르가 처음 바실리카 건설을 명했으나 그것이 완공되기 전에 살해당했다. 이후 카이사르가 세운 바실리카는 불에 타 훼손되었고, 이를 아우구스투스 황제가 서기 12년에 재건축했다. 그러나 바실리카는 283년 또다시 화재로 손상되었으며, 285년 디오클레티아누스 황제에 의해 복원되었다. 그리고 410년, 서고트족의 로마 약탈로 다시 손상되었다.

✥ 개선문 왼쪽, 긴 직사각형의 돌기둥이 남아있는 곳이 바실리카 율리아이다

　중세 시대에는 포로 로마노가 로마 교회 건축 자재를 위한 채석장이 되었다. 지금의 바실리카 율리아는 일부 기둥과 바닥, 계단만 남아 있다. 바실리카 율리아 재판소 입구 계단에는 당대 사람들이 재판소에 들어가기 전, 기다리는 시간 동안 체스 게임을 했던 흔적을 볼 수 있다.

　사도 바울은 바실리카 율리아 법정에서 사형 선고를 받은 후, 맞은편 셉티무스 세베루스(Septimus Severus) 개선문 위쪽에 있는 마메르티노 감옥에 갇히게 된다. 한때 베드로가 갇히기도 했던 이 감옥 위에 현재는 교회가 세워져 있다.

❖ 셉티무스 세베루스 개선문 왼편으로 보이는 마메르티노 감옥.
감옥 위로 교회가 세워졌다.

✶ 황제 티베리우스의 궁전(Domus Tiberiana)

포로 로마노에 있는 팔라티노 언덕을 오르면 예수님이 십자가형 받으셨을 당시 로마 황제였던 티베리우스의 궁전을 볼 수 있다. 팔라티노 언덕에 살았던 황제들의 궁전 중에서 가장 화려한 것이 티베리우스의 궁전이다. 그가 지은 카프리섬의 궁전 또한 화려하기로 유명하다.

✤ 팔라티노 언덕 위에 있는 티베리우스 황제 궁전터

4.

바울의 머리가 닿은 곳에 샘물이 솟다
- 세 분수 교회
L'Abbazia delle Tre Fontane

> 전제와 같이 내가 벌써 부어지고 나의 떠날 시각이 가까웠도다 나는 선한 싸움을 싸우고 나의 달려갈 길을 마치고 믿음을 지켰으니
>
> 디모데후서 4:6-7

서기 67년, 네로 황제의 명령을 받은 한 무리의 로마 군인들이 긴장된 발걸음을 옮겼다. 로마에서 바다로 연결되는 도로인 라우렌티나(Via Laurentina)를 걸어 그들이 도착한 곳은 바울이 갇힌 지하 감옥이었다.

군인들이 지하에 갇혀있는 바울을 바깥으로 끌고 나갈 때, 바울은 자신의 시간이 끝났음을 알았다. 그는 처형터까지 백여 미터쯤 걸으며 세상과의 작별을 준비했다. 아니, 천국에서 만나주실 예수 그리스도와의 만남을 준비했다.

처형터에 도착하니 죄인을 참수시키는 돌기둥이 보였다. 로마 군인들은 바울의 머리를 그 돌기둥 위에 거칠게 올려놓았다. 바울은 마지막 기도를 드렸다. 곧이어 바울의 머리가 잘려져 나갔다.

바울의 머리는 비탈진 곳으로 떨어져 아래로 세 번 굴렀고, 그때 머리가 닿은 세 자리마다 샘이 솟았다. 그래서 바울이 참수된 곳에 세워진 교회 이름이 '세 분수(Tre Fontane)'가 되었다.

세 분수 교회에 들어서면 마치 산 속 수도원이라도 온 것 같은 고즈넉한 분위기가 감돈다. 이곳이 약수터라는 뜻의 '아쿠아 살비에'라고 불리게 된 이유가 있다. 로마의 물은 석회가 많지만 이곳 샘은 석회 없는 맑은 물이었다. 전해지기로는 위장병까지 치료했다고 한다.

세 분수 교회 입구에서 베네딕트 수도사 동상이 순례자를 맞이한다. 이곳에 베네딕트 수도원이 있기 때문에 세워진 동상이다.

베네딕트는 서양 수도원의 창시자로서 최초로 수도사들의 73개조 규칙들을 쓴 것으로 유명하다. 베네딕트가 생각하는 수도사 정신이 그의 동상 아래에 라틴어로 쓰여있다.

자녀들아 들어라, 주저하지 말고 순종하라, 기도하고 일하라

✤ 베네딕트 수도사 동상

'기도하고 일하라'가 베네딕트의 수도사 정신이다. 기도하는 영적인 삶과 일하는 육체의 노동을 함께 하라는 것이다.

베네딕트 동상을 지나 걸으면 아치문이 나온다. 중세 시대 때에는 이 아치문이 세 분수 교회의 입구였다. 신성로마제국 시대를 연 샤를 마뉴 대제가 그의 승전을 기념해서 헌정한 아치문으로, 로마에서는 귀중한 역사적 산물로 여겨진다. 바티칸 박물관의 '보르고 화재의 방'에 가면 샤를 마뉴 대제의 대관식을 묘사한 라파엘로의 그림을 찾아볼 수 있다.

✤ 세 분수 교회 입구 아치문

이 그림은 800년 크리스마스 저녁, 프랑크왕 샤를 마뉴가 교황 레오 3세로부터 '로마인들의 황제'로 임명되는 장면을 담은 것이다. 샤를 마뉴가 교황으로부터 대관을 받은 자리는 성 베드로 교회 바닥에 둥근 붉은 대리석으로 표시되어 있다.

✤ 라파엘로 作, 〈샤를 마뉴 대제의 대관식〉

아치문을 지나면 뜰이 나온다. 뜰의 오른편 교회가 바울이 참수당하기 전 갇혀있었던 곳이다. '천국의 계단 교회(SCALA COELI)'라고 불린다.

'천국의 계단'이라는 명칭은 교회 앞에 있는 동상인 베르나르도 수도사의 꿈에서 비롯되었다. 프랑스 수도사였던 베르나르도 수도사는 바울 참수터 성지를 순례하러 왔다가 기도 중에 환상을 보았다. 많은 영혼들이 천사들의 이끎 속에서 사다리를 타고 천국으로 올라가고 있는 환상이었다. 조사 끝에 천국의 계단 자리에서 만 명의 유대인 그리스도인들이 순교를 당했다는 사실이 밝혀졌다. 디오클레티아누스 황제 때의 일이었다. 이 환상이 천국의 계단 교회 안에 그림으로 그려져 있다.

✧ 천국의 계단 교회

✧ 베르나르도 수도사의 환상

만 명의 그리스도인들이 학살당하기 200여 년 전에 바울은 같은 장소 지하에 갇혀있었다. 천국의 계단 교회 지하로 내려가면 감옥터를 볼 수 있다. 그 좁고 습한 지하에서 얼마나 추웠으면 자신의 외투를 가져다 달라고 영의 아들 디모데에게 부탁했을까. 바울이 지하 감옥에서 쓴 디모데후서는 그의 마지막 서신이 되었다.

바울을 가두었던 지하 감옥은 훗날 순례자들이 걸음하는 예배 처소가 되었다. 이천 년이 넘는 세월 동안 이어져 온 순례의 현장에서, 신도들은 바울의 순교 앞에 경건히 묵상한 후 그의 마지막 길을 따라 걷는다. 사도 바울이 밟았던 고대 시대 때의 화강암 돌길이 아직도 일부 남아있다.

✤ 바울이 참수당하기 전 밟았던 고대 시대 돌길

성경에는 바울의 순교에 대한 기록이 없다. 바울의 제자였던 속사도 클레멘트가 그의 순교를 지켜보고 기록하였다. 바울은 '내가 이제 천국으로 가노라, 슬퍼하지 말고 기뻐하라'라고 유언했다고 전해진다.

✣ 바울의 머리가 닿은 곳에 솟은 샘

교회 안 맞은편 벽면 오른쪽 끝의 돌기둥이 바로 바울이 참수당한 돌기둥이다. 그의 머리가 닿은 곳에 솟았다는 세 개의 샘 자리마다 작은 경당이 만들어져 있다. 신기하게도 첫 샘에서는 따뜻한 물이, 중간 샘에서는 미지근한 물이, 마지막 샘에서는 찬물이 솟았다고 한다.

사도 바울의 형장에 샘이 솟은 것은, 생전 바울이 그리스도의 '생명수' 같은 복음을 전하며 살았기 때문이 아니었을까. 그 생명수는 자기의 삶이 부끄러워 남의 눈을 피해 몰래 뜨거운 사막의 낮 시간에 물을 길어 온 사마리아 여인에게 예수께서 주시고자 했던 그 '생명수'였다. 한번 마시면 다시는 목마르지 않고 영원한 생명을 주는 생명수를, 하나님의 아들 예수 그리스도를 믿기만 하면 마실 수 있다 하신 것이다. 아무런 값 없이 세상에서 제일 귀한 생명수를 얻을 수 있는 샘이 예수 그리스도이신 것이다.

5.
사도 바울 순교자에게
- 성 밖의 바울 교회
Basilica San Paolo fuori le mura

사도 바울은 기독교 역사상 첫 선교사다. 그는 전 세계를 돌아다니며, 이스라엘 백성이 아니어도 구원받을 수 있다는 그리스도의 복음을 전했다. 하나님께서는 그리스도인을 핍박하던 사울을 그리스도 복음을 위해 순교하는 바울로 이끄셨다.

바울의 시신이 안치된 곳에 교회가 세워졌다. 로마의 아우렐리아누스 성벽 바깥에 위치하고 있어 '성 밖의 바울 교회(Basilica San Paolo fuori le mura)'라고 불린다. 귀족 가문 루치나(Lucina)가 성 밖에 있던 자신의 소유지에 바울을 안치했다. 루치나는 바울을 후원하던 로마 그리스도인 중 한 명이었다.

바울이 순교당한 세 분수 교회에서 약 4킬로미터 거리에 있는 곳이다. 초기 기독교인들이 바울 시신 위에 작은 성소를 세웠었다. 당대 로마에는 무덤을 보호하는 풍습이 있었는데, 258년에 이르자 군인 황제 발레리우누스가 기독교인들의 무덤은 보호 대상에서 제외시켰다. 기독교인들은 사도 바울의 유해를 보호하기 위해서 세바스찬 카타콤베에 숨겼다.

그 후 콘스탄티누스 황제가 다시 바울의 유해를 원래 있었던 무덤 자리로 가져와 교회를 세운 것이 성 바울 교회이다. 4세기 콘스탄티누스가 세운 바울 교회는 현재 교회보다 작았는데, 지진과 화재와 외세 침략 등으로 큰 피해가 있었다. 그러다가 1823년 교회 건물 3분의 2가 전소되는 큰 화재가 일어났다. 교회 지붕에서 수리 공사하던 인부들이 서로 다투다가 화로를 잘못 다루어 발생한 화재였다.

당시 교황 비오 7세가 중병으로 병석에 있었기에, 사람들은 교황이 충격을 받을 것을 염려해 그에게 화재 소식을 전하지 않았다. 재건축을 시작한 것은 비오 다음으로 교황이 된 레오 11세였다. 19세기에 시작된 재건축 공사는 착공으로부터 100년이나 지난 1930년에 이르러서야 비로소 끝이 났다.

성 바울 교회에 들어오면 먼저 열주 회랑이 있는 정원이 펼쳐지고, 그 안에 칼을 들고 서있는 바울의 동상이 있다. 바울의 상징은 칼이다. 바울이 그리스도인들을 박해했었던 칼이었고, 하나님의 군사가 되어

✣ 성 밖의 성 바울 교회 정면

세계 복음화를 이룬 성령의 칼이고, 그가 참수당해 죽었기 때문에 순교의 칼로 여겨지기도 한다. 바울의 동상 아래 '진리의 선포자, 이방인들의 박사'라고 라틴어로 쓰여있는데, 사도행전 9장 15절 말씀에서 가져온 비문이다.

주께서 이르시되 가라 이 사람은 내 이름을 이방인과 임금들과 이스라엘 자손들에게 전하기 위하여 택한 나의 그릇이라

동상 주위에 아름답게 꾸며진 사각 정원은 초기 기독교 교회의 전형적인 모습이다. 정원을 중심으로 화강암 돌기둥 150개가 세워져 있다. 이탈리아 북부, 스위스 국경에 있는 마조레라는 호수 채석장에서 옮겨온 것이다. 돌기둥을 운반해 오는 기간만 4년이 걸렸다. 마조레 호수의 대리석과 화강암은 고대 로마에서부터 현대에 이르기까지 다양한 건축물과 조각품에 사용되었다. 내구성이 뛰어나고 아름다운 것으로 유명하다.

바울 교회는 길이가 약 131미터로 로마에서는 베드로 교회(218미터) 다음으로 크다. 내가 방문한 날에는 특별히 교회 파이프 오르간 연주회가 있어서 웅장한 교회 음악을 들으며 교회 내부를 감상할 수 있었다. 바울 교회는 연주를 하기에 너무나 좋은 공명을 가지고 있다. 공명을 극대화하는 중요한 요소는 바로 높은 천장과 돔, 그리고 아치 구조이다. 이 설계 덕분에 소리가 여러 방향으로 퍼지며 신비롭고 신성하게 울리는 것이다. 교회의 재료인 돌과 대리석, 스테인드글라스도 소리를 반사시키는 역할을 한다.

사도 바울의 유해가 안치된 곳을 보기 위해서는 중앙 제단 아래로

내려가면 된다. 작은 창살로 보호받고 있는 유해 앞, 순례자들이 무릎을 꿇고 기도하는 모습을 볼 수 있다. 유해가 있는 곳에는 작은 유리 바닥이 있는데, 유리 너머로 보이는 지하가 콘스탄티누스 교회 시절의 흔적이다. 사도 바울의 석관이 발굴되었을 때 '사도 바울 순교자에게'라는 비문이 쓰여있었다고 한다. 사도 바울 유해 위로 보이는 쇠사슬은 사도 바울이 순교하기 전에 묶였던 쇠사슬로 전승되고 있다.

✣ 사도 바울의 유해가 있는 석관과 사도 바울이 묶였던 쇠사슬

바울 무덤에서 다시 중앙 제단이 있는 위층으로 올라오면 제단 뒤 화려한 모자이크 앱스를 가까이서 보게 된다. 13세기에 만들어진 모자이크화인데, 당시는 교회 예술이 번성했던 시기였다.

✣ 바울 교회 모자이크화 앱스

앱스 중앙에 예수 그리스도가 앉아계신다. 성경을 든 예수님의 왼손 옆에는 베드로와 안드레가, 축복을 내리는 예수님의 오른손 옆에는 바울과 누가가 있다. 네 명의 성인 옆에 라틴어로 그들의 이름이 쓰여있는데, 바울의 이름만은 그리스어로도 함께 적혀있다. 사도 바울의 모국어가 그리스어였기 때문이다.

바울은 다소(Tarsus)에서 태어났는데 이곳은 오늘날의 터키 남부이다. 바울이 태어났을 당시 다소는 로마 제국에 속한 도시였다. 다소는 헬레니즘 문화의 영향으로 헬라어를 모국어처럼 썼고, 바울이 쓴 서신서들도 대부분 그리스어로 기록되어 있다. 바울은 유대인이기 때문에 히브리어도 배웠다. 성경을 원문으로 읽을 수 있다는 것은 기독교인으로서 축복인 것 같다.

✤ 부활절 촛대

중앙 제단 바로 오른쪽에 큰 대리석 촛대가 세워져 있다. '부활절 촛대'라 불리는데 바울 교회의 중요한 기독교 미술작 중 하나이다.

12세기에 만들어진 촛대에는 성경 장면과 사도 바울의 삶과 사역이 묘사되어 있다. 이 촛대의 주제는 십자가와 부활이다. 그래서 부활절 전날 성토요일에 점화되어 부활절 기간 동안 계속 밝게 타오른다. 그리스도의 부활의 빛이 세상을 밝힘을 상징하는 것이다.

2장

베드로의 자취

# 6.

주여, 어디로 가시나이까
- 쿼바디스 교회
Chiesa del Domine Quo Vadis

───────────────────────────

시몬 베드로가 이르되 주여 어디로 가시나이까 예수께서 대답하시되 내가 가는 곳에 네가 지금은 따라올 수 없으나 후에는 따라오리라

요한복음 13:36

베드로는 목숨을 버리고서라도 예수님을 따르겠다고 맹세했었다. 그러나 목숨을 위협받게 되자, 그는 예수님을 모른다고 세 번이나 부인하고 도망쳤다.

부활하신 예수님은 훗날 베드로를 다시 만나주신다. 당신을 세 번 부인했던 베드로에게 '나를 사랑하느냐'라고 세 번 물으셨다. 그리고 베드로가 '어떠한 죽음으로 하나님께 영광을 돌릴지(요한복음 21:19)'를 말씀하셨다.

내가 진실로 진실로 네게 이르노니 네가 젊어서는 스스로 띠 띠고 원하는 곳으로 다녔거니와 늙어서는 네 팔을 벌리리니 남이 네게 띠 띠우고 원하지 아니하는 곳으로 데려가리라

요한복음 21:18

* 베드로가 다시 묻다:
주여, 어디로 가시나이까

예수님이 남긴 베드로에 대한 예언의 말씀은 로마에서 성취된다. 베드로가 죽기 전, 예수님이 로마에서 그를 다시 만나주셨음이 외경 베드로 행전에 기록되어 있다. 베드로가 로마에 온 시기에 네로 황제의 기독교 박해가 시작되어 베드로는 로마 성 밖으로 도망쳤다. 예루살렘으로 도망가기 위해 로마 성 밖을 빠져나왔을 때 부활하신 예수님을 만난 것이다. 베드로는 옛날 예루살렘으로 향하는 예수님께 물었듯이 '주여, 어디로 가시나이까?(Domine Quo Vadis)'라고 물었다.

예수님은 '다시 십자가를 지기 위해 로마로 간다(Venio Romam iterum crucifigi)'라고 하셨다. 로마의 백성을 위해 다시 십자가를 지겠다는 주님의 말씀에, 베드로는 예루살렘에서 예수님을 부인하고 도망쳤던 자신의 옛 모습을 떠올렸다. 자신이 과거의 실수를 답습하고 있음을 깨달은 베드로는 회개하며, 로마에서 순교해야 할 자신의 운명을 받아들

인다. 베드로는 로마로 발길을 돌린다. 예수님은 사라지셨지만, 사라지시면서 길 위에 발자국을 남기셨다는 전승이 내려온다. 그 발자국이 남겨진 장소에 세워진 교회가 '쿼바디스 교회'이다.

9세기에 세워진 쿼바디스 교회는 1600년대에 재건축되었다. 들어갈 수 있는 인원이 30명 남짓한 작은 교회다. 초기 기독교 교회는 이처럼 소박했다.

✤ 베드로와 예수님이 만난 자리에 세워진 쿼바디스 교회

✤ 쿼바디스 교회 내부

교회 안으로 들어가면 예수님의 발자국이라 전해지는 '현무암에 새겨진 발자국'을 보게 된다. 발자국 옆에는 '주님의 거룩한 발'이라는 글씨가 새겨져 있다. 이 돌은 복사본이고, 원본은 쿼바디스 교회 근처 성 세바스찬 교회(Basilica di San Sebastiano)에 있다.

✤ 예수님이 남기셨다는 발자국

　예수님의 발자국은 로마 방향으로 찍혀있고 예수님과 베드로가 만난 장소를 기념하는 프레스코화가 양쪽에 있다. 천국의 열쇠를 쥔 베드로가 아피아 돌길 위에서 주님께 어디로 가시는지 묻고 있고, 예수님은 로마로 돌아가 십자가를 다시 지려한다고 말씀하신다.

✤ 천국의 열쇠를 쥔 베드로가
'주여 어디 가시나이까'라고 묻고 있다

✤ 예수께서는 베드로의 물음에 십자가를
다시 지기 위해 로마로 가고 있다고 답하셨다

    예수님 그림이 있는 오른쪽 벽 중앙쯤에 십자가를 들고 계신 예수님 조각이 있다. '부활하신 예수님' 조각상은 1521년 미켈란젤로의 작품이다. 오리지널 미켈란젤로 조각상은 현재 산타 마리아 소프라 미네르바(Santa Maria sopra Minerva) 교회에 있다.

❖ 미켈란젤로 作, <부활하신 예수님>

부활하신 예수님을 만나고 다시 로마에 돌아온 베드로는 체포되어 네로 황제의 경기장으로 끌려간다. 십자가형을 받은 그는 죽기 전 네로 황제에게 부탁했다.

"예수께서는 하늘에서 땅으로 내려와 지상에서 십자가형을 당하셨습니다. 이제 땅에 있는 나를 하늘로 부르고 계십니다. 나의 십자가는 머리가 아래로 가도록 해야 합니다. 그래야 나의 발이 하늘로 갈 수 있기 때문입니다. 나는 감히 예수님처럼 십자가형을 받을 수 없습니다."

이리하여 역십자가는 사도 베드로의 상징이 되었다.

✢ 로마에 돌아가 십자가에 거꾸로 매달려 순교한 베드로

교회 출구 오른쪽에 얼핏 교회와 어울리지 않는 분위기의 청동 흉상이 하나 있다. 소설 『쿼바디스』를 쓴 폴란드 작가 헨리크 시엔키에비치(Henryk Sienkiewicz)이다. 그가 재정 러시아의 압제 아래 고통받던 폴란드 동족을 위로하기 위해 쓴 작품 『쿼바디스』는 영화로 만들어지면서 더욱 유명해졌다. 고난을 피해 가야 하는가,

✢ 소설 『쿼바디스』로 노벨 문학상을 수상한 폴란드 작가 헨리크 시엔키에비치

고난을 향해 가야 하는가를 묻는 이 소설은 1905년 노벨 문학상을 수상했다.

노벨 문학상 시상식은 일반적으로 스톡홀름에서 열리지만, 『쿼바디스』 시상식은 작가를 위해 특별히 로마에서 진행되었다. 이탈리아에 거주하는 폴란드인들은 노벨 문학상을 받은 폴란드 작가의 기념 흉상을 이 교회에 세웠다.

교회를 나와 다시 길에 오른다. 오른쪽은 로마로 가는 방향이고 왼쪽이 이탈리아 남쪽 브린디시까지 이어지는 고대 아피아 가도다. 로마를 마지막으로 등지는 지점이라고 할 수 있다. 그래서 쿼바디스 교회가 세워지기 전에는 이곳에서 '레디쿨루스 투타누스(Rediculus Tutanus)'라는 신에게 기도를 했다고 한다. 레디쿨루스는 '귀향'이라는 뜻이고, 투타누스는 '수호신'이라는 뜻으로 '떠났던 이가 다시 돌아올 수 있게 도와주는 신'이었다. 로마를 등지고 이집트, 그리스 극동 지방으로 가는 이들이 여행을 무사히 마치고 돌아오기를 기원하며 이곳에서 귀향의 수호신에게 기도를 한 것이다.

어쩌면 많은 그리스도인들이 로마를 떠나는 베드로의 모습으로 지내는지도 모른다. 그렇게 길을 걷다 예수님을 만나면 무어라 말할 수 있을까? 우리는 로마로 돌아갈 수 있을까?

✤ 고대 아피아 가도. 이곳에서 예수님을 만난 베드로는 회개하며 다시 로마로 돌아갔다.

7.

베드로를 인도하신 예수님의 발자국
- 성 밖의 세바스찬 교회
San Sebastiano fuori le mura

세바스찬 카타콤베를 방문하고 나오면, 그 출구가 바로 세바스찬 교회 내부로 연결된다. 세바스찬 교회의 공식 명칭은 'San Sebastiano fuori le mure'이다. 직역하면 '성벽 밖의 성 세바스찬'으로, 로마 성벽 아우렐리우스 밖에 지어졌다는 뜻이다. 세바스찬의 순교 장소인 팔라티노 언덕에도 세바스찬 교회가 있기 때문에, 이 둘을 구별하기 위해서 각각 '팔라티노 세바스찬 교회(Chiesa di San Sebastiano al Palatino)'와 '성벽 밖의 세바스찬 교회'로 부른다. 세바스찬 카타콤베가 원래 '베드로와 바울 사도를 기념하는 카타콤베'로 불렸듯이 이 바실리카도 '사도들의 바실리카(Basilica Apostolorum)'로 불렸었다.

세바스찬 교회는 4세기에 지어졌다. 그 후 13세기와 17세기에 재건축이 이루어졌다. 교회 정면도 17세기에 재건축된 것이다. 내가 방문한 날 마침 교회에서 결혼식이 있어, 교회 앞에 많은 하객들이 모여있었다.

✤ 성 밖의 세바스챤 교회 정문

✤ 로마에서 베드로를 만나주신 예수님
의 발자국이라 전해진다

세바스챤 교회는 성지로서 특별한 의미가 있다. 교회 안으로 들어가 오른쪽 첫번째 경당에서 귀한 성물들을 볼 수 있기 때문이다. 세바스챤이 맞은 화살 중 하나도 이곳에 보관되어 있고, 그가 화살을 맞을 때 묶였던 기둥 일부도 있다. 무엇보다 의미가 있는 건 베드로가 예수님을 만났던 장소인 쿼바디스 교회 예수님의 발자국 원본을 이곳에서 볼 수 있다는 것이다.

예배당에는 베르니니 제자인 조르제티(Giorgetti)의 작품인 세바스챤 조각이 있다. 죽어 누워있는 세바스챤의 모습인데 몸에 화살이 꽂혀 있다. 고통스럽게 죽은 모습인데도 너무나 아름답게 조각된 인체가 인상적이라 한번 보면 기억에 오래 남는다.

세바스챤 조각상 위에는 세바스챤 흉상이 있고, 흉상의 가슴 쪽에 세바스챤 유해 일부가 보관되어 있다고 한다. 이 세바스챤 조각과 흉상이 있는 곳이 세바스챤 경당이고, 이 경당 아래층인 카타콤베에 세바스챤 지하 경당이 있다. 세바스챤 지하 경당에도 세바스챤 유해 일

✣ 조르제티 作, <화살을 맞고 죽은 세바스찬>

부가 나뉘어 모셔져 있다.

   바실리카 천장에서도 화살을 맞고 순교한 세바스찬 모습을 볼 수 있다. 보르게세 가문의 후원으로 만들어진 이 나무 천장은 보르게세 가문 상징인 독수리로 장식되어 있다.
   결혼식 하객들이 교회 안으로 들어오기 시작해 교회를 나와야 했다. 성지로서 의미 있는 교회에서 결혼식을 올리는 것은 축복일 것 같

✣ 세바스찬 교회의 나무 천장. 세바스찬이 기둥에 묶여 화살을 맞고
순교하는 모습이 새겨져 있고 천사가 그에게 순교자의 면류관을 씌워주려고 하고 있다.

(출처: Livio andronico 2013)

다. 하객이 모두 교회 안으로 들어갔을 때쯤 신부의 차가 도착했다. 신부의 아버지가 신부를 에스코트하며 교회로 들어가는 뒷모습을 보고, 예수님은 우리가 예수님의 신부처럼 살기를 원하신다는 말씀에 대해 생각해 보았다. 신랑을 맞으러 가는 신부의 뒷모습은 너무나 아름답고 행복해 보였다.

> 우리가 즐거워하고 크게 기뻐하며 그에게 영광을 돌리세 어린 양의 혼인 기약이 이르렀고 그 아내가 자신을 준비하였으므로
>
> 요한계시록 19:7

신랑을 맞으러
세바스찬 교회 안으로
들어가는
신부의 뒷모습

8.

감옥에서 피어난 세례의 기적
- 마메르티노 감옥
Mamertine Prison

※ 로마 중심부에 있는 가장 악명 높은 감옥

로마 심장부였던 포로 로마노 옆 카피톨리노 언덕. 이곳에는 고대 로마 감옥 중 현재까지 남은 유일한 감옥이 자리하고 있다. '마메르티노'라 불리는 이 감옥은 성지로서도 매우 중요한 곳이다. 베드로와 바울이 갇혀있었던 감옥이기 때문이다.

마메르티노가 있는 카피톨리노 언덕은 해발 50미터이다. 이곳에 고대에 지어진 제우스 신전이 있는데, 지금은 로마 시청 건물로 사용되고 있다. 언덕 북쪽에는 베네치아 광장이 있고, 남쪽에는 포로 로마노가 있다. 이렇게 중요한 로마 중심부에 왜 감옥을 만들었을까.

마메르티노는 로마 사람들에게 이름만 들어도 공포스러운 곳으로

✤ 마메르티노 감옥. 왼편으로 포로 로마노 신전터와 개선문이 있다.

통했다. 주로 반역자를 가두어 처참하게 처형했던 장소이기 때문이다. 예를 들면 기원전 49년, 갈리아(프랑스) 원정을 마치고 돌아온 율리우스 시저가 포로로 잡아 온 갈리아 왕을 가둔 곳이 바로 마메르티노였다. 갈리아 왕은 6년을 이 감옥에 갇혀있다가 참수형을 당했다. 서기 70년 티투스 황제가 로마 장군으로 예루살렘을 정복했을 때도 유대인 반란군 주동자를 로마로 끌고 와 이 감옥에 가두었다가 처형했다.

지하 감옥인 마메르티노의 지상층에는 작은 구멍이 있다. 죄인을 던져 넣는 용도인데, 반대로 이곳을 통해 탈출하는 것은 불가능했다. 현재는 순례자가 지하로 내려갈 수 있도록 이 구멍에 계단을 만들어두었다.

17세기에 이르러, 이 끔찍했던 감옥 위에 교회가 세워졌다. 이곳에 베드로와 바울이 투옥했음을 기리기 위한 교회였다. 지하가 2개의 층으로 나뉘어 있는데, 지하 1층은 기원전 17세기 로마 왕정 시대 4대 왕이었던 앙쿠스 마르키우스(Ancus Marcius) 때 만들어졌다. 현재 이 감옥을 부르는 명칭인 '마메르티노'의 유래가 마르키우스 왕이라는 설이 있고, 전쟁의 신 마르티노라는 설도 있다. 지하 2층은 기원전 6세기 로마 6대 왕 세르비우스 툴리우스(Servius Tullius) 때 만들어졌다. 툴리아눔(Tullianum)이라고도 불리는데, 툴리우스라는 왕의 이름에서 유래했다는 이야기도 있고, 당시 '샘물이 있는 곳'이라는 뜻의 'da tullus polla d'aqua'라 불려 이것이 툴리아눔이 되었다고도 한다. 실제로 이곳에서 샘이 솟았기 때문이다.

✻ 감옥에서 솟은 기적의 샘

베드로가 투옥되었을 당시, 그를 감시하던 두 로마 병사가 베드로에 의해 그리스도인이 되는 사건이 일어났다. 당시 지하 바닥은 돌을 깔아 만든 것이었는데, 베드로가 두 병사에게 세례를 주려고 돌바닥을 쳤더니 샘이 솟았다고 한다. 두 간수 외에 47명의 사람들이 그 샘에서 솟은 물로 세례를 받았다. 지하 2층 툴리아눔에서 아직도 물이 고인

샘터를 볼 수 있다. 일 년 내내 마르지 않는 기이한 샘터가, 이곳이 기적의 장소임을 말해주는 것 같다.

✤ 베드로가 감옥 간수에게 세례를 주는 장면이 새겨진 청동 부조. 1층 전시실에서 볼 수 있다.

✤ 마메르티노의 지하 2층. 베드로와 바울이 갇혔던 곳이자, 베드로가 돌바닥에서 솟는 물로 세례를 베풀었던 곳이다.

✳ 계단 벽에 새겨진 베드로의 고난

감옥 지하 1층 벽에 다소 훼손된 프레스코화가 있다. 그림 속 예수님은 베드로의 어깨 위에 손을 얹고 계시고, 베드로는 미소를 지으며 예수님을 향해 고개를 돌리고 있다. 베드로가 세 번이나 예수님을 부인했건만, 예수님은 여전히 그에게 사랑의 손을 얹고 계신다. 용서하고 사랑하는 것보다 거룩한 것은 없고, 용서받고 사랑받는 것보다 행복한 것은 없는 것 같다.

지하 2층으로 내려가기 전 홈이 파인 돌이 작은 창살로 보호되어 있는 것이 보인다. 전승에 의하면 베드로를 지하로 끌고 내려가던 간수가 그를 세게 밀었는데, 이때 베드로가 머리를 부딪힌 부분의 벽이 파인 것이라고 한다.

✣ 지하 1층에 제단이 있고 제단 뒤에는 바울과 베드로의 조각상이 있다.
죄인들은 바닥의 작은 원형 구멍을 통해 아래로 던져졌다.
계단 시작점의 작은 창살이 베드로가 머리를 부딪혔다는 곳이다.

✳ 베드로와 바울이 묶여있던 기둥

베드로와 바울이 묶였던 기둥은 원래 지하 2층 툴리아눔에 있었지만, 지금은 지상 층으로 옮겨졌다. 밝은 곳에서 보는 기둥은 그저 평범한 기둥일 뿐이다. 그러나 암흑뿐인 지하에서 묶여있었을 베드로와 바울에게 이 기둥은 죽음 그 자체였다. 그런 처참한 지경에서도 찬양과 감사를 잃지 않았던 그들의 신앙의 깊이를 감히 어떻게 헤아릴 수 있을까. 죽음처럼 깊은 지하 감옥의 어둠 속, 베드로를 통해 그리스도를 영접하고 세례받았던 간수들을 떠올려 본다. 그때 그들은 빛과 같이 타오르는 베드로의 신실한 믿음을 진실로 보았을 것이다.

✤ 베드로와 바울이 묶여있었다는 기둥.
지하 2층에 있었던 기둥을 1층 전시관으로 옮겨놓았다.

9-1.

반석 위에 내 교회를 세우리니
- 성 베드로 교회 ①
Basilica di San Pietro

또 내가 네게 이르노니 너는 베드로라 내가 이 반석 위에 내 교회를 세우리니 음부의 권세가 이기지 못하리라 내가 천국의 열쇠를 네게 주리니 네가 땅에서 무엇이든지 매면 하늘에서도 매일 것이요 네가 땅에서 무엇이든지 풀면 하늘에서도 풀리라 하시고

마태복음 16:18-19

베드로의 무덤 위에 지어진 성 베드로 교회는 아마도 순례자들이 가장 가고 싶어 하는 로마 성지일 것이다. 본디 '베드로'는 '반석'이라는 뜻으로, 과거 '시몬'이었던 그에게 예수께서 지어주신 이름이다. 예수님께서는 베드로에게 '반석 위에 내 교회를 세우리니'라고 하셨고, 또한 그에게 '천국의 열쇠'를 주신다고 하셨다. 그래서 로마 가톨릭은

베드로를 1대 교황으로 여긴다.

베드로는 로마의 테베레강 서쪽 편에 있는 바티칸 언덕에서 순교했다(64-67년). 지금의 베드로 교회는 베드로가 순교했을 당시 네로 황제의 전차 경기장이었다. 전차 경기장 옆 평원 지대에는 공동묘지가 있었고 처형당한 많은 기독교인들이 그 공동묘지에 묻혔다. 베드로도 이 무덤터에 묻혔다.

교회 내부로 들어가면 궁전 같은 웅장함과 압도적인 화려함에 현기증이 돈다. 순례자라면 먼저 중앙 제단 쪽으로 걸어가게 된다. 베드로의 무덤이 있기 때문이다.

✻ 베드로 무덤 위의 발다키노

교황의 제대로 사용되는 중앙 제단 위를 청동의 발다키노가 장식하고 있다. 네 기둥에 올리브 가지가 새겨져 있고 올리브 잎사귀에 금까지 입혀진 화려한 바로크풍이다. 기둥 덮개 앞에 보이는 벌 모양은 발다키노를 만들라고 명한 교황 우르바노 8세의 바르베니니 가문 문장이다.

✣ 베드로는 발다키노 아래에 잠들어 있다

이 발다키노만 해도 족히 10층 건물 높이이다.

＊ 베드로 무덤 위의 돔

✤ 미켈란젤로가 설계한 돔(Dome)

발다키노가 있는 곳 천장을 올려다보면 미켈란젤로가 베드로의 무덤을 기념하며 만든 돔(Dome)이 있다. 교회 건축에서 가장 어려운 부분이 바로 돔이다. 1546년 교황 바오로 3세가 미켈란젤로에게 돔 건축을 맡겼고, 미켈란젤로는 돔을 공부하기 위해 판테온을 방문했다. 판테온을 만난 천재 건축가는 이렇게 감탄했다. "판테온은 사람이 아니라 천사가 만들었다."

미켈란젤로는 돔을 설계했을 때 이미 예순을 넘긴 나이였다. 그는 1564년 89세의 나이로 사망하기 며칠 전까지도 작업에 몰두했고, 돔 아래 원통형 부분을 완성했을 무렵 숨을 거두었다. 로마에서 르네상스를 꽃피우는 동안에도 고향 피렌체를 그리워했던 그는 이렇게 유언했다. "피렌체에 묻어달라. 살아서는 갈 수 없으니."

언젠가 미켈란젤로가 감탄했듯이, 판테온은 정말 천사의 작품이었던 걸까? 그는 판테온보다 더 넓은 내부 직경을 가진 돔을 만들고 싶어 고군분투했으나 그의 천재성조차 판테온의 위상을 뛰어넘지는 못했다. 대신 그는 판테온보다 더 높은 계란형 모양의 돔을 설계했다. 그는 미처 이 돔을 완성하지 못한 채 떠났지만, 미켈란젤로의 설계를 이어받은 로마의 건축가 자코모 델라 포르타가 1590년, 마침내 돔을 완공한다. 외부 높이 133미터에 달하는 이 돔은 기어이 세계에서 가장 높은 돔으로 기록되었다. 돔 내부 둘레에는 예수께서 반석 위에 교회를 지으실 것이며, 베드로에게 천국의 열쇠를 주시겠다고 말씀하셨다는 기록인 마태복음 16장 18절과 19절이 새겨져 있다.

✱ 베드로 무덤

베드로 무덤을 보려면 발다키노가 있는 중앙 제단의 계단을 통해 '고백의 제단'이라 불리는 경당으로 내려가면 된다. 이곳에서 베드로의 유골함을 볼 수 있다. 발다키노 주변에 있는 커다란 안드레아 조각상 옆에도 아래층으로 향하는 계단이 있다.

✣ 안드레아 조각상 옆의 계단. 지하 무덤으로 연결된다.

지하 무덤에는 100여 명의 교황이 잠들어 있다. 베드로가 로마에 처음 온 건 서기 48년이다. 54년에 두 번째 방문을 했고, 64년도 세 번째 방문 때에 바티칸 언덕에서 순교했다. 그는 한때 갈릴리 호숫가의 어부였으나, 로마에서 순교하던 순간에는 그리스도교의 지도자였다. 베드로가 순교했을 때 그리스도인들이 베드로의 시신을 천으로 감싸고 묻어주었다. 그들은 거기에 묻힌 것이 베드로의 시신임을 표시했고, 그 후 그리스도인들은 베드로의 시신 가까이 묻히고 싶어 했다.

신약성경의 대부분을 사도 바울이 썼고 베드로는 베드로전·후서밖에 쓴 것이 없지만, 그 짧은 베드로 서신서 한 구절 한 구절마다 담겨 있는 심오함은 놀랍기만 할 뿐이다.

베드로서를 읽노라면, 예수님께서 왜 베드로를 첫 제자 삼으시고 그토록 특별히 아끼셨는지 알 것 같은 기분이 든다. 베드로는 미약한 처음이 나중에 어떻게 광대해지는지 보여준 사도였다. 사도 베드로가 그의 서신서 마지막에 쓴 글은 지금도 복음을 전하는 간절한 호소로 울리고 있다.

> 오직 우리 주 곧 구주 예수 그리스도의 은혜와 그를 아는 지식에서 자라 가라 영광이 이제와 영원한 날까지 그에게 있을지어다
>
> 베드로후서 3:19

9-2.

베르니니 작품으로 만나는 성경
- 성 베드로 교회 ②
Basilica di San Pietro

　17세기 천재 예술가 중 한 명인 베르니니(Gian Lorenzo Bernini, 1598-1680)는 31세에 베드로 교회 총책임자가 되었다. 베드로 교회에는 많은 천재 예술가들의 혼이 담겨있다. 그곳에 담긴 혼 중 하나인 베르니니는 베드로 교회를 바로크 양식으로 장식하였다.

　＊ 예루살렘 성전에서 가져온 돌기둥을 형상화해서 만든 발다키노

　베르니니는 베드로 교회 이전에 있었던 콘스탄티누스 교회의 발다키노를 모티브로 삼아 베드로 교회를 기념하는 발다키노를 만들었다. 베르니니 발다키노 주변에는 네 개의 기둥이 있는데, 이 기둥은 발다키노 위에 있는 미켈란젤로 돔을 받치기 위한 것이다. 네 개의 기둥마

✤ 베르니니의 발다키노는 예루살렘 성전 기둥을 모방한 것이다

다 커다란 조각상이 있고, 그 조각상 위에 발코니 모양의 경당들이 있다. 그중 발코니 모양의 경당 기둥은 콘스탄티누스 교회에 있던 오리지널이다.

콘스탄티누스 교회 발다키노 기둥들은 예루살렘 성전에서 가져온 돌로 만들어져서 '솔로몬의 기둥'이라 불렸었다. 베르니니는 예루살렘 솔로몬 성전의 나선형 모양의 기둥을 청동 바로크 양식으로 바꾸어 만들었다.

✽ 성령의 비둘기 창문

발다키노 주변의 창문들은 미켈란젤로가 만든 것이다. 베르니니는 그중 한 창문을 화려한 바로크풍으로 바꾸었다. 발다키노 뒤쪽, 베드로의 의자 위에 있는 화려한 금장식 창문이 그의 작품이다. 얼핏 보면 영락없이 스테인드글라스 같은데, 실제로는 유리가 아니라 돌이라는 점이 놀라움을 자아낸다. '알라바스트로'라는 대리석으로 성경에도 등장한다. 마태복음 26장 7절에 기록된 '값비싼 향유를 예수님께 부은 여인' 이야기 속 향유 그릇('옥합'으로 번역됨)이 바로 알라바스트로이다. 번역본에는 이 명칭이 등장하지 않기 때문에 영어 성경으로 읽어야 확인할 수 있다.

> 한 여자가 매우 귀한 향유 한 옥합을 가지고 나아와서 식사하시는 예수의 머리에 부으니
>
> a woman came to him with an *alabaster* jar of very expensive purfume, which she poured on his head as he was reclining at the table

비싸고 귀한 돌인 것은 알았지만 얇게 깎으면 빛을 투과시키는 특징까지 있는 줄은 몰랐다. 베르니니가 10년에 걸쳐 만든 창문이라고 하니, 알라바스트로 돌은 얇고 신비로운 창이 되기까지 10년 동안이나 깎이고 다듬어진 셈이다. 창문 중앙에 새겨진 비둘기는 1미터가 넘는다.

✤ 성령의 비둘기는 하나님의 영광을 표현한다
(출처: 성 베드로 교회 온라인 사이트)

'성령의 비둘기'는 누가복음 3장 22절에 나온다.

성령이 비둘기 같은 형체로 그의 위에 강림하시더니 하늘로부터 소리가 나기를 너는 내 사랑하는 아들이라 내가 너를 기뻐하노라 하시니라

✱ 베드로 의자

✠ 베드로 의자

성령의 비둘기 창문 바로 아래에는 청동 의자가 있고, 그 안에는 베드로가 로마에서 설교할 때 앉았던 의자 조각들을 모아 만든 나무 의자가 있다. 의자에 앉아 가르치는 것은 유대인 랍비들의 전통이었다.

✣ 베드로가 앉았었다고 알려진 나무 의자
(출처: Father Julian blog)

흔히 의자는 왕좌를 상징한다. 그래서 초대 교황으로 모셔지고 있는 베드로의 의자 또한 의미가 깊다. 그러나 베드로는 왕좌에 앉을 분은 진정한 왕이신 예수님밖에 없음을 고백하며 복음을 전했었다.

* **예수님의 옆구리를 창으로 찌른 군인 론지노**(롱기누스) **조각상**

미켈란젤로 돔을 떠받치고 있는 네 기둥마다 성인 조각상이 있다. 그중 론지노 조각상(1638년)이 베르니니 작품이다. 십자가에 못 박힌 예수님의 죽음을 확인하기 위해 그의 옆구리를 창으로 찌른 로마 군인 이름이 론지노라고 전해진다.

군인들이 가서 예수와 함께 못 박힌 첫째 사람과 또 그 다른 사람의 다리를 꺾고 예수께 이르러서는 이미 죽은 것을 보고 다리를 꺾지 아니

하고 그중 한 군인이 옆구리를 찌르니 곧 피와 물이 나오더라

요한복음 19:32-34

✤ 베르니니 作, <성 론지노>.
십자가 위 예수님의 옆구리에 창을 찔렀던 로마 군인 론지노이다.

군인의 이름은 성경 기록에 없다. 론지노 군인에 대한 전승은 외경 니고데모 복음서에 나온다. 론지노가 심한 눈병을 앓고 있었는데 예수님의 옆구리를 찔렀을 때 예수님의 피가 그의 눈에 묻었고, 그 순간 눈병이 치유되었다고 한다.

치유의 기적을 경험한 론지노는 '예수님은 참으로 하나님의 아들'이심을 고백하고 그리스도교로 개종을 한다. 그는 그리스도의 복음을 전파하다 순교하게 된다. 자국의 군인을 처형하고 싶지 않았던 로마 측은, 예수가 하나님의 아들임을 부인하는 한마디만 하면 살려주겠다고 론지노에게 제안했다. 하지만 그는 끝까지 예수께서 하나님의 아들이심을 고백하며 죽음을 택했다.

십자가에 매달려 돌아가신 예수님의 몸에는 총 다섯 개의 상처가 남았다. 못이 박힌 두 손과 두 발, 그리고 론지노의 창에 찔린 옆구리의 상처다. 론지노의 창은 '거룩한 창'으로 여겨진다. 하나님의 아들의 몸에 닿았던 창이라는 의미에서의 거룩함이다.

베르니니는 론지노가 창을 들고 있는 모습으로 조각했다. 그가 들고 있는 창은 하나님의 아들을 찔렀음에 대한 회개의 상징으로서 표현되었다. 실제로 론지노는 회개하고 용서를 구하듯, 창을 든 군인으로서의 용감한 자세로 그리스도교를 전하다가 순교했다.

10.

쇠사슬로 하나 된 로마와 예루살렘
- 쇠사슬의 성 베드로 교회
Basilica di San Pietro in Vincoli

───────────

> 헤롯이 잡아내려고 하는 그 전날 밤에 베드로가 두 군인 틈에서 두 쇠사슬에 매여 누워 자는데 파수꾼이 문밖에서 옥을 지키더니 홀연히 주의 사자가 나타나매 옥중에 광채가 빛나며 또 베드로의 옆구리를 쳐 깨워 이르되 급히 일어나라 하니 쇠사슬이 그 손에서 벗어지더라
>
> 사도행전 12:6-7

✻ 베드로의 쇠사슬이 로마로 오다

베드로는 헤롯왕에 의해 예루살렘 감옥의 쇠사슬에 묶였었다. 그 쇠사슬을 볼 수 있는 곳이 로마의 베드로 쇠사슬 교회이다. 어떻게 예루살렘에 있었던 쇠사슬을 로마로 가져오게 되었을까?

로마 황제 발렌티니아누스 3세(419-455년) 때, 황후였던 에우독시아의 어머니 아일리아 에우도키아가 성지순례를 위해 예루살렘을 방문했다(438-439년). 에우독시아는 동로마 황제 테오도시우스 2세의 딸이다. 예루살렘 대주교는 에우독시아 황후의 어머니에게 베드로 쇠사슬을 선물한다.

에우독시아는 로마로 가져온 이 쇠사슬을 당시 교황 레오 1세에게 다시 선물로 주었다. 레오 1세는 베드로 쇠사슬 유물을 보관하는 교회를 지었는데(432-440년), 이곳이 바로 베드로 쇠사슬 교회이다. 에우독시아 덕분에 지어진 교회라 하여 에우독시아 교회(Basilica Eudoxiana)로 부르기도 했었다.

✣ 자코포 코피 作. 쇠사슬에 묶인 베드로를 천사가 구출해 주고 있다.

베드로의 쇠사슬에 관한 이야기는 교회 제단 뒤쪽 반원형 공간(앱스)에 세 개의 프레스코화로 그려져 있다. 1577년 자코포 코피(Jacopo Coppi)의 작품이다. 맨 왼쪽이 베드로가 감옥에서 풀려나는 장면이다. 이 장면과 비슷한 대작이 라파엘로의 <성 베드로의 구출>(1514년)이고 바티칸 라파엘로의 방에서 볼 수 있다.

왼쪽에서 두 번째 프로스코화는 예루살렘 대주교 유베날이 쇠사슬을 에우독시아에게 선물하는 장면이고, 마지막이 에우독시아가 교황 레오 1세에게 쇠사슬을 선물하는 장면이다.

✢ 자코포 코피 作.
에우독시아 황후가 예루살렘에서 가져온 베드로 쇠사슬을 교황 레오 1세에게 선물하고 있다.

* 기적으로 하나 된 쇠사슬

베드로 쇠사슬 교회에는 예루살렘에서 가져온 쇠사슬뿐만 아니라 베드로가 묶였던 로마의 쇠사슬도 있다. 베드로는 로마에 왔을 때 마메르티노 감옥에 갇혔고 그때도 쇠사슬에 묶였다. 이 두 쇠사슬은 현재 하나처럼 얽혀있는데, 이 기적에 대한 이야기가 전해져 내려온다.

로마에서는 매년 8월 1일을 축일로서 기념한다. 바로 아우구스투스 축일인데, 그가 이집트를 속주로 만들고 첫 황제가 된 것을 기리는 날이다. 이 축일과 관련하여, 예루살렘에서 베드로 쇠사슬을 가져와 교황에게 선물했던 황후 에우독시아가 또 다른 놀라운 일을 해낸다. 그녀가 교황 레오 1세와 논의해, 황제의 축일을 '베드로의 쇠사슬 축일'로 바꿀 것을 선언한 것이다.

기적은 바로 그날, 교황 레오 1세가 예루살렘의 쇠사슬과 로마의 쇠사슬을 비교해 보려던 순간에 일어났다. 두 쇠사슬이 하나로 얽혀버린 것이다. 그렇게 만들어진 기적의 쇠사슬은 현재 금으로 장식된 유리 성물함에 놓여 베드로 쇠사슬 교회 중앙 제대 아래에 모셔져 있다.

✣ 제단 아래 놓인 베드로의 쇠사슬

* **억압의 쇠사슬이 치료의 쇠사슬로**

성경에는 열두 해 동안 혈루증을 앓던 여자가 예수님의 뒤에서 그의 옷자락을 만지고 치유받는 기적이 있다(마태복음 9:20-22). 이런 기적은 예수님의 사도들에게도 일어났다.

> 사람들은 심지어 병자들을 길거리에 메고 나가 들것이나 요에 눕혀 놓고 베드로가 지나갈 때 행여나 그 그림자만이라도 그 몇 사람에게 스쳐갔으면 하였다
>
> 사도행전 5:15

중세 기독교인들은 베드로의 쇠사슬을 만지면 병자가 나을 것이라고 믿었다. 969년 오토 황제 때 그와 가까운 친분이었던 공작이 귀신 들렸었는데, 쇠사슬을 가져와 목에 대었더니 귀신이 달아났다고 한다. 이 전승이 베드로 쇠사슬 교회 신도석 천장화에 그려져 있다.

* **미켈란젤로의 3대 조각상**

쇠사슬 교회는 순례자가 아닌 일반 관광객들에게도 인기가 많다. 바티칸 교회 <피에타>와 피렌체 아카데미 박물관 <다비드상>과 함께 미켈란젤로의 3대 조각상으로 꼽히는 <모세상>이 바로 이곳에 있기

❖ 조반니 바티스타 파로디 作, <천장화>(1706). 귀신 들렸던 공작이 베드로의 쇠사슬로 치유되는 장면이 묘사되어 있다.

때문이다.

❖ 미켈란젤로 作, <모세상>. 미켈란젤로의 3대 조각상 중 하나다.

＊ 교황의 영묘로 만들어진 <모세상>

모세상은 숱한 우여곡절을 겪은 끝에 조각된 사연 많은 작품으로, 피에타나 다비드상 같은 독립된 작품이 아니라 교황 율리우스 2세 영묘의 일부이다. 미켈란젤로에게 바티칸 시스틴 채플 천장화 <천지창조>를 그리게 한 것이 바로 교황 율리우스 2세였다. 그는 미켈란젤로에게 <천지창조>를 의뢰하기 전에, 아직 젊은 청년이었던 미켈란젤로에게 자신의 영묘를 맡겼다(1505년). 율리우스 2세는 자신의 영묘가 화려하고, 크고, 예술적 가치가 높은 모습으로 완성되어 바티칸 교회에 놓이는 것을 꿈꿨다.

청년 미켈란젤로는 조각가로서 대작을 만들어 볼 계획에 기뻐 흥분했다. 수없이 디자인을 스케치해 본 후 대리석 산지로 유명한 토스카나의 까라라에 가서 8개월 동안 대리석을 골랐고 그중 100톤의 대리석을 로마로 가져왔다. 그는 거대한 웨딩케이크 같은 모양의 3층짜리 영묘에 율리우스 2세의 주문대로 40개의 조각상을 만들 계획을 세웠다. 청동의 장식도 멋있게 꾸며 넣으려고 했었다.

* <천지창조> 앞에 무산된 <모세상>

대작을 만들고자 하는 예술가에게 절실히 필요한 것 중 하나는 바로 재정적 후원이다. 그런데 교황 율리우스 2세는 재정 문제를 이유로 자신의 영묘 계획을 바꿨다. 실망했을 미켈란젤로에게 교황이 다시 제안한 것이 시스티나 채플의 천장화였다. 미켈란젤로는 4년 동안 천장화에 집중했다. 천장에 그림을 그리는 일이 쉬울 리 만무했고, 그 탓에 건강에 많은 문제를 겪었다. 그러나 4년 동안 선지자들을 그림으로써 그의 예술은 더욱 최고의 경지에 이르렀다.

그 후 미켈란젤로는 율리우스 2세의 묘를 장식하기 위한 조각상을 만들었다. <죽어가는 노예들>이라는 작품이다. '속박에서 벗어나고 싶어 반항하는 노예'를 표현한 조각으로, 자신의 예술 세계를 마음껏 표현하기보다 교황의 명대로 노예처럼 일해야 했던 미켈란젤로 내면의 반항으로 해석되기도 한다. 총 열두 개의 노예상을 제작했는데 그중 두 조각상은 현재 루브르 박물관에 있다. 레오나르도 다빈치의 <모나리자>와 미켈란젤로의 <죽어가는 노예들> 중 두 점이 루브르 박물관에 있다는 것은, 이태리로서는 돈으로 환산할 수 없는 손실인 것 같다.

교황 율리우스 2세는 미켈란젤로가 그의 영묘를 완성하기 전인 1513년에 죽는다. 그는 결국 바티칸 교회에 화려한 무덤을 갖고 싶다는 꿈을 이루지 못했다. 새 교황이 된 바울 3세는 미켈란젤로에게 시스티나 채플 <최후의 심판>을 그릴 것을 명했다.

＊ 교황 영묘에 앉아있는 모세

당초 미켈란젤로가 교황 율리우스 2세의 영묘를 위해 계획한 것은 총 40개의 조각상이었다. 그러나 미켈란젤로가 겨우 7개의 조각상을 완성했을 때, 율리우스 2세가 사망하고 말았다. 이미 완성된 7개 조각상 중 하나가 바로 '모세'다. 다비드상이 골리앗을 향해 단호한 얼굴로 막 돌팔매를 하려는 모습으로 서있는 데 반해, 모세상은 분노하는 얼굴로 앉아있다. 과연 누구를 향한 분노일까.

> 아론이 그들의 손에서 금 고리를 받아 부어서 조각칼로 새겨 송아지 형상을 만드니
>
> 출애굽기 33:4

모세가 시나이산에 올라가 하나님께 십계명을 받는 동안, 산 아래 있었던 이스라엘 백성들은 금송아지 우상을 만들었다. 즉, 미켈란젤로의 모세상은 모세가 산에서 내려와 금송아지에 예배하는 이스라엘 백성을 본 순간의 모습을 형상화한 것이다.

✢ 너무나 완벽한 모세상을 본 미켈란젤로는 '왜 말을 안 해!'라고 외쳤다고 한다

모세는 분노가 담긴 시선으로 고개를 돌려 어딘가를 무섭게 노려보고 있다. 앉아있지만 금방이라도 일어날 것 같은 역동적인 모습이다. 정적인 것과 동적인 것을 융합하는 데 있어 미켈란젤로는 가히 천재적이었다. 그의 모세는 하나님으로부터 받은 십계명을 오른팔에 끼고, 분노를 참지 못하겠다는 듯 공격적으로 자신의 수염을 잡아당기는 모습으로 완성되었다. 모세의 근육질 팔은 조각이라기에는 너무도 생생해서, 마치 살아 움직이는 것이 아닌가 싶을 정도다.

* 모세가 뿔났다

미켈란젤로의 모세는 안 그래도 무서운 눈빛을 하고 있는데 머리에 뿔까지 나있다. 실제로 라틴어 성경인 '불가타(Vulgata) 성경'에는 '뿔(cornatus)'이라는 표현이 등장한다. 번역가인 제롬이 히브리어 성경을 라틴어로 옮기는 과정에서 머리 후광을 의미하는 '빛(cornatum)'을 오역한 것이다. 성경을 공부한 미켈란젤로는 그것이 오역이라는 사실을 알았지만, 모세에게 더 강한 카리스마를 주기 위해 일부러 뿔을 달았다. 한편으로는 이 뿔이, 자기에게 영묘를 맡기고 마음을 바꾸었던 교황 율리우스 2세에 대한 미켈란젤로의 속마음의 표출이라고도 한다. 그러면서도 이 조각은 율리우스 2세 영묘에 속하기 때문에 율리우스 2세의 얼굴로 제작되어 있다.

모세상 위로 시선을 올리면, 그곳에 강의 신처럼 비스듬히 앉은 교황 율리우스 2세 조각이 모세상을 내려다보고 있다. 모세 조각상이 서게 되면 거의 다비드상만 한 크기가 될 것이다. 모세의 일생은 영화로도 만들어졌는데, 그중 찰턴 헤스턴이 주연한 <모세>(1956년)가 많은 이들에게 감동을 준 대작으로 꼽힌다.

모세상 양옆에는 두 여인이 있다. 야곱의 아내 레아와 레이첼이다. 행동하는 삶과 기도하는 삶을 대조하기 위해 조각한 것이라 한다. 레아가 행동적인 삶, 역동적인 삶을 의미하게 된 것은 고대 이스라엘에서 '아이를 많이 낳은 여자'가 가장 존경받았기 때문이라고 짐작된다. 레아에 의해서 이스라엘 12지파가 이루어졌고, 그중 유다 지파에서 예수님이 탄생했다.

∗ 귀족들의 비밀 예배

베드로 쇠사슬 교회 입구 아래쪽으로는 지하로 연결된 계단이 있다. 지하 유적을 통해 이곳이 로마 공화정 시대와 제정 시대에 귀족의 집이었음이 밝혀졌다. 정원과 목욕장이 있었고, 3세기에는 귀족들의 가정 예배 장소로 사용되었다고 한다. 그때는 "Ecclesia Apostolorum(사도들의 교회)"이라는 이름으로 불렸다. 기독교 박해 시대에 귀족들은 자신의 큰 집을 교회로 만들어 몰래 가정 예배를 드렸다. 교회가 지어진 곳에는 많은 기도와 예배, 그리고 순교자들의 피의 밀알이 있는 것 같다. 이 쇠사슬 교회 지하에도 순교자의 유해가 있다.

✤ 베드로 쇠사슬 교회 정면.
교회 오른쪽 건물은 수도원이었는데 현재는 로마 공과대학 건물로 사용되고 있다.

3장
예수의 제자, 12사도의 자취

11.

어린 양의 피를 세계에 증거한 12사도
- 라테라노 성 요한 교회
Basilica di San Giovanni in Laterano

또 여러 형제가 어린 양의 피와 자기의 증거하는 말을 인하여 저를 이기었으니 그들은 죽기까지 자기 생명을 아끼지 아니하였도다

요한계시록 12:11

✻ 로마에 세워진 최초의 교회

라테라노 성 요한 교회는 로마에 세워진 최초의 교회이다. 콘스탄티누스 황제가 기독교를 공인한 후(313년) 세운 첫 교회이기도 하다. 교회 옆 건물은 최초의 교황청이 된다. 베드로 교회보다 더 중요한 의미를 가지고 있고, 그래서 로마 주교인 교황의 주교좌도 라테라노 성 요한 교회에 있다. 9세기까지는 '구세주 그리스도 교회'였는데 그 후 세례

✢ 로마 최초의 교회인 성 요한 교회

요한과 사도 요한에게 봉헌되면서 성 요한 교회가 되었다. 1309년 아비뇽 유수까지 교황청으로 쓰였고 현재의 교황청은 바티칸 시국에 있다.

   라테라노라는 이름은 당시 이 지역 땅을 소유하고 있던 귀족 가문인 라테란에서 유래했다. 콘스탄티누스가 이곳에 교회를 짓게 된 것은 그의 두 번째 부인 파우스타가 라테란 가문이었기 때문이다. 콘스탄티누스는 최초의 교회를 지은 다음 교황에게 기증한다. 오늘날 라테라노 요한 교회 모습은 17세기 천재 건축가 중 한 명이었던 보로미니에 의해서 재건축된 것이다.

* **베드로와 바울의 두개골 유해**

　내부로 들어가면 중앙 회랑 양쪽으로 6명씩 12사도들의 석상이 있다. 천장은 르네상스, 바닥은 코스마테스크 양식이다. 중앙 회랑 앞쪽의 중앙 제단에서는 오로지 교황만이 미사를 집전할 수 있다.

✢ 중앙 회랑 양쪽에 12사도의 석상이 있다

제단 위를 장식하는 발다키노는 특이하게도 2층 구조인데, 2층에 베드로와 바울의 작은 황금 동상이 있다. 이곳에 베드로와 바울의 두개골 유해가 모셔져 있다고 한다. 또한 초대 교황 때부터 사용되었던 나무 제단도 보관되어 있다고 한다.

✣ 교황이 미사 집전하는 중앙 제단 위 발다키노 2층에
　베드로와 바울의 두개골 유해가 모셔져 있다고 한다

발다키노 뒤쪽 앱스 아래로는 대리석 의자를 볼 수 있다. 로마 주교이신 교황이 앉는 주교좌(Cathedral)이다. 중앙 제단 아래층을 내려다보면 세례 요한 석상이 있다.

* 최후의 만찬 식탁

중앙 제단 옆의 경당 'Capella del Ss.mo Sacramento'에는 예수님이 십자가에 달리기 전 마지막으로 사도들과 만찬을 나누셨던 식탁이 보관되어 있다. 금 위에 새겨진 최후의 만찬 조각 그림 뒤쪽으로 보이는 작은 나무가 그 식탁의 일부라고 한다.

중앙 제단 왼쪽으로 가면 정원(Chiostro)으로 이어진다. 4세기 때 지어진 초기 교회의 흔적들을 보는 의미가 있다. 정원을 보고 다시 교회 내부로 돌아와 12사도들의 석상을 하나하나 둘러본다. 각 사도들의 순교의 상징들을 보면서 사도들의 삶과 순교를 묵상하게 된다. 예수님의 12사도들은 예수께서 부활하신 후 오순절 성령 세례를 받고 세상에 뿔뿔이 흩어져 복음을 전했으며, 사도 요한을 제외한 모두가 순교당했다. 12사도 중 가룟 유다는 예수님을 배신한 사도여서 없고, 대신 사도 바울 석상이 베드로 석상과 마주 보는 곳에 있다. 교회에 들어서 오른쪽 석상부터 시작해 중앙 제단 쪽으로 가면 차례대로 다대오, 마태, 빌립, 도마, 큰 야고보, 바울의 석상과 만나게 된다. 다시 제단 쪽으로 돌아와 왼쪽 석상에서부터 출구 쪽으로 걸으면 베드로, 안드레, 요한, 작은 야고보, 바돌로매, 시몬 순으로 전시된 석상들을 감상할 수 있다.

① 다대오(Taddeo)

✣ 다대오

다대오는 사도행전에 '유다'로 나온다. 유다가 이름이고 다대오는 '찬양'이라는 의미를 가진 별명이다. 유다서의 저자로 알려진다. 요한복음 14장 22절에서 그는 예수님께 물었다. "주여 어찌하여 자기를 우리에게는 나타내시고 세상에는 아니하려 하시나이까." 예수님은 대답하셨다. "사람이 나를 사랑하면 내 말을 지키리니 내 아버지께서 그를 사랑하실 것이요 우리가 그에게 가서 거처를 그와 함께 하리라."

다대오는 전도 여행 중 에데사(지금의 터키)에서 왕의 병을 고쳐준다. 치유된 왕이 복음을 받아들이자 에데사 사람들 모두 복음을 받아들였다. 복음의 불길은 아르메니아까지 번졌다. 다대오는 페르시아에서 전도하다 창에 찔려 순교한다. 그래서 다대오 동상은 그의 순교의 상징인 창을 들고 있다.

② 마태(Matteo)

✥ 마태

마태는 레위 지파의 후손이다. 그래서 예수님이 제자로서 마태를 부를 때 '레위'라 부르신다.

> 알패오의 아들 레위가 세관에 앉아있는 것을 보시고 그에게 이르시되 나를 따르라 하시니 일어나 따르니라
>
> 마가복음 2:14

로마제국의 하수인이었던 마태는 유대인들로부터 세금을 걷는 세리였다. 직업 때문에 천대를 받더라도 재물 욕심 하나로 살아가던 마태의 인생은 예수님의 부르심을 받은 후 송두리째 바뀐다. 그는 새로 거듭나면서 종래의 이름을 버리고 스스로 '하나님의 선물'이라는 뜻의 마태라는 이름을 지었다. 마태는 세리이기 이전에 레위 지파로서 율법을 잘 아는 지식인이었기에, 유대인에게 예수님을 구약의 관점으로 알려주는 복음서를 썼다. 마태복음은 그래서 신약성경을 시작하는 첫 책이 된다.

> 아브라함과 다윗의 자손 예수 그리스도의 계보라
>
> 마태복음 1:1

참으로 레위의 자손다운 서문이다. 게다가 마태는 유대인이 더 쉽게 이해할 수 있도록 아람어로 기록했다. 마태는 에디오피아에서 창에 맞아 주후 60년경에 순교한 것으로 전해진다. 마태의 동상은 그가 탐했던 돈을 발 밑에 깔고 있고, 두 손으로는 말씀을 펼쳐 읽고 있다.

③ **빌립**(Filipp)

빌립은 히브리 이름이 아니다. 알렉산더대왕의 아버지 이름이기도 한 빌립은 리더가 되라는 의미를 담고 있다. 요한복음 1장 43-44절에

✣ 빌립

예수님이 빌립을 제자 삼으시는 장면이 나온다.

> 예수께서 갈릴리로 나가려 하시다가 빌립을 만나 이르시되 나를 따
> 르라 하시니 빌립은 안드레와 베드로와 한 동네 벳새다 사람이라

빌립은 소아시아를 중심으로 전도 활동을 하다가 54년경 히엘라폴리스의 이방신 뱀을 파괴한 죄로 체포당해 십자가형으로 순교한다. 빌립이 순교한 히에라폴리스에는 '사도 빌립 순교 교회'가 있다. 빌립의 동상은 발 아래 이방신 뱀이 있고 한 손엔 십자가를 든 모습이다.

④ 도마(Tommaso)

✟ 도마

도마는 '쌍둥이'라는 뜻이다. 요한복음을 보면 예수님이 죽은 나사로에게 가려고 하실 때 도마가 '우리도 주와 함께 죽으러 가자'라고 말한다. 나사로가 사는 마을 베다니에 가면 예수님의 신변에 위험이 따를 수 있으니, 죽을 각오로 함께 가자는 의미이다.

요한복음 14장에서 예수님이 "내가 어디로 가는지 그 길을 너희가 아느니라" 하시자, 도마가 바로 물었다. "주여 주께서 어디로 가시는지 우리가 알지 못하거늘 그 길을 어찌 알겠사옵니까." 그러자 예수님은 길의 의미를 알려주신다.

"내가 길이요, 진리요, 생명이니 나로 말미암지 않고는 아버지께로 올 자가 없느니라."

비록 자신이 섬기는 예수의 앞일지라도 과감히 질문을 던질 정도로 솔직한 성정이었던 도마는, 예수가 부활했다는 소식에 자신이 직접 부활의 증거를 보지 못했으므로 믿을 수 없다고 말한다. 의심하는 도마를 위해 예수님이 나타나 도마에게 말씀하셨다.

> 네 손가락을 이리 내밀어 내 손을 보고 네 손을 내밀어 내 옆구리에 넣어보라 그리하여 믿음 없는 자가 되지 말고 믿는 자가 돼라
>
> 요한복음 20:27

그 말을 듣자, 도마는 그의 손가락과 손으로 예수님 못 자국을 만져보지 않고도 즉시 대답할 수 있었다.

> 나의 주님이시요 나의 하나님이시니이다
>
> 요한복음 20:28

도마는 태국과 인도에서 복음을 전했다. 인도에서 도마는 교회를 세워 돌 십자가를 걸려고 할 때 이교도 제사장들에 의해 창으로 찔려 순교했다. 도마의 동상은 자신이 직접 부활하신 예수님을 만져보고서야 믿겠다는 말의 상징으로서 손가락을 들어올리고 있다. 다른 한 손 밑에는 그가 순교하기 전 세우고자 했던 돌 십자가가 있다.

⑤ 큰 야고보(Giacomo il maggiore)

큰 야고보는 요한의 형이다. 성경에 따르면 요한과 야고보 형제는 자신들이 하늘나라에 이르면 그때 예수님의 오른편과 왼편에 각각 앉게 해달라고 간청했다. 예수님이 말씀하셨다.

✣ 큰 야고보

너희 중에 누구든지 으뜸이 되고자 하는 자는 너희의 종이 되어야 하리라

마태복음 20:27

야고보와 요한 형제는 예수님과 예루살렘으로 가는 길에서 사마리아 사람들이 받아들이지 않자 다시 혈기를 부리며 말했다.

> 주여 우리가 불을 명하여 하늘로부터 내려 저들을 멸하라 하기를 원하시나이까.
>
> 누가복음 9:54

이런 형제의 성격 때문에 예수님은 그들을 '우뢰의 아들'이라 부르셨다. 예수님은 과격한 성격의 형제도 사랑하셨기에 예수님의 변모를 보게 해주시고, 야이로의 딸을 살리시는 것도 보게 해주시고, 겟세마네 동산에서 피땀을 흘리며 기도하시는 것도 보게 해주셨다.

야고보는 스페인까지 복음을 전했다. 그가 복음을 전한 길이 순례길로 유명한 '산티아고 길'이다. 야고보는 열두 사도 가운데 첫 번째로 순교를 당했다.

> 그때에 헤롯 왕이 손을 들어 교회 중에서 몇 사람을 해하려 하여 요한의 형제 야고보를 칼로 죽이니
>
> 사도행전 12:1-2

야고보 동상은 한 손에 긴 막대기를 들고 있다. 막대기는 순례자(pilgrim)를 상징한다. 야고보가 서쪽 땅끝까지 순례하여 복음을 전했기 때문이다.

⑥ 바울(Paolo)

✣ 바울

바울은 예수님의 열두 제자에는 속하지 않는다. 심지어 그는 한때 예수를 믿는 그리스도인들을 박해했었다. 회심한 바울은 예수님으로부터 이방인에게 복음을 전하는 사도로서의 사명을 받았다. 신약성경 27권 중 13권을 집필한 그는 베드로와 함께 로마의 수호성인이다. 바울의 상징은 칼이다. 바울의 조각은 말씀의 검인 성경을 들고 있다.

⑦ 베드로(Pietro)

베드로는 예수님의 열두 제자 중에서 성경에 가장 많이 등장한다. 베드로는 오순절 성령 세례를 받은 후, 3천 명을 회심시키는 기적을 이룬다. 그는 또한 베드로서를 기록했고, 앉은뱅이를 일어나게 하는 기적을 행했다. 아나니아와 삽비라가 재산을 판 돈을 속여 교회에 바쳤을 때, 베드로가 그들을 크게 꾸짖자 죄지은 부부가 쓰러져 죽기도 했다. 그러나 할례 문제에 대해서는 역으로 베드로가 바울에게 꾸짖음을 당하기도 했다. 베드로의 상징은 천국의 열쇠이다.

❖ 베드로

⑧ 안드레(Andrea)

베드로의 형제 안드레는 예수님을 따르기 전까지는 세례 요한의 제자였다. 그는 나를 따르라,라고 명하신 예수님이 메시아이심을 제자들 중 제일 먼저 깨달았다. 그래서 즉시 그의 형제 베드로를 예수님에게 인도했다. 예수님의 오병이어 기적에서, 소년의 빵 다섯 개와 물고기 두 마리를 예수님에게 가져온 이가 안드레였다.

✣ 안드레

안드레는 러시아에 처음으로 복음을 전했고, 그리스 파트라에서 순교했다. 안드레의 상징은 X자형 십자가이다. 안드레를 십자가에 매달았던 이들은 안드레가 더 느리고 고통스럽게 죽도록, 못을 박지 않고 밧줄에 매달아 두었다. 안드레는 3일 동안이나 고통스럽게 죽어가면서도 복음을 전했다.

안드레는 스코틀랜드의 수호성인이기도 하다. 전설에 의하면 9세기경 스코틀랜드 왕 앵거스 2세가 전쟁 전날 밤 꿈속에서 안드레의 X형 십자가를 보았고, 전쟁에서 승리했다고 한다. 이후 스코틀랜드는 안드레를 수호성인으로 삼았고, 국기에도 안드레의 X형 십자가를 그려 넣었다.

⑨ 사도 요한(Giovanni Evangelista)

❖ 사도 요한

요한은 큰 야고보의 동생이다. 요한복음과 요한 1, 2, 3서, 예수님 재림에 대한 예언서 요한계시록 모두가 그의 손으로 쓰였다. 예수님께서 십자가에서 돌아가실 때 그의 형제인 야고보를 비롯한 다른 모든 제자들이 도망갔으나, 요한만이 끝까지 십자가 아래에 남아있었다. 예수님은 도망가지 않은 요한에게 자신의 육신의 어머니 마리아를 돌보라고 하셨다. 요한은 예수님의 말씀대로 마리아를 집에 모시고 와서 돌보았다.

도미티아누스는 로마 황제가 되었을 때 자신을 '살아있는 신'으로 만들기 위해 신전을 짓고 사람들에게 동상 앞에 경배하라고 강요했다. 바울이 세운 에베소 교회에서 복음을 전하던 요한 역시 에베소의 도미티아누스 신전에 경배할 것을 강요당했다. 경배를 거부한 요한은 로마로 끌려갔다. 로마에서 도끼로 목 베이는 고문을 받았는데 죽지 않았고, 끓는 물에 던져졌는데도 죽지 않았다. 도미티아누스 황제는 요한을 밧모섬으로 유배시켜 채석장에서 중노동을 하게 했다. 그 밧모섬에서 요한은 계시록을 썼다.

예수님의 사도 중에서 순교로 삶을 마감하지 않은 유일한 사도인 요한의 동상에는 그의 상징인 독수리가 있다. 요한복음은 빛이신 예수님에 대해 말하는 것으로 시작되는데, 독수리는 빛을 똑바로 바라볼 수 있는 유일한 동물이다. 요한의 한 손에는 그가 쓴 복음서가 있고, 또 다른 한 손에는 펜을 들고 있다.

⑩ 작은 야고보(Giacomo il Minore)

✤ 작은 야고보

마가복음 15장 40절에 나오는 '작은 야고보'이다. 세베대 아들 야고보와 이름이 같아서, 키가 작은 쪽을 '작은 야고보'로 불렀을 것이라 한다. 사도행전 1장 13절에서는 '알패오의 아들 야고보'로 쓰여 있다. 예수와 친척 관계여서, 바울이 그를 가리켜 '주님의 형제'라고 부르기도 한다. 오순절 성령 세례

후 예루살렘 주교로 선출되었다.

예수를 따르게 된 바울이 처음으로 만난 예수의 제자가 야고보이다. 천사들의 도움으로 감옥에서 빠져나온 베드로도 '이 일을 야고보에게 알려달라'라고 했다. 야고보는 시리아에서 전도했고, 예루살렘 교회 감독으로 있는 동안 야고보를 시기하던 대제사장 아나니아가 예수 그리스도를 부인하라고 하자, 야고보는 예수님이 메시아라고 선포했다. 야고보는 예루살렘 성전 꼭대기에서 떨어뜨려졌다. 그리고 다시 돌과 몽둥이에 맞아 순교했다.

야고보 동상은 순교의 상징인 몽둥이를 들고 있다. 복음을 전한 성경도 함께 들고 있다. 작은 야고보가 쓴 것으로 알려진 「야고보서」에서 야고보는 결연히 말한다. "행함이 없는 믿음이 무슨 유익이 있으리요."

⑪ 바돌로매(Bartolomeo)

무화과 나무 아래에서 성경을 읽고 묵상하던 바돌로매는 성령을 받은 후 소아시아와 아르메니아에서 복음을 전했고, 훗날 칼로 살가죽이 벗겨지는 고문을 받아 순교했다. 그래서 바돌로매 동상은 한 손에는 칼을, 다른 한 손에는 자신의 살가죽을 들고 있다.

✤ 바돌로매

⑫ 가나나인 시몬(Simone)

❖ 가나나인 시몬

'가나나인'은 시몬이 속해있던 정치 단체 이름이다. 열심당 '셀롯(Zealot)'에 속해서 성경에 '셀롯 시몬'으로 나오기도 한다(누가복음 6:15, 사도행전 1:13). 예수님은 칼을 몸에 품고 다니는 열심당 시몬을 제자 삼으신 것이다. 독립투사였던 시몬은 예수님이 이스라엘을 로마로부터 해방시켜 주시기를 기대했을 것이다. 민족의 배신자로 취급되던 로마제국 하수인 세리 마태가 제자로 있다는 것은 내심 참기 힘들었을 것이다. 그러나 시몬은 오순절 사건 이후 어떤 제자보다 '열심히' 복음을 전한 것으로 알려진다. 칼을 품고 다니던 열심당 시몬에서 복음을 품고 세계를 다니는 예수의 제자 시몬이 된다. 시몬은 소아시아, 북아프리카, 이집트, 흑해에 복음을 전했고, 영국에 최초로 복음을 전한 사도이기도 하다.

시몬은 74년경 페르시아에서 복음을 전하다 이교도 신상을 부쉈는데, 화가 난 이교도인들이 시몬을 거꾸로 매달아 톱으로 몸을 잘랐다. 그래서 시몬의 동상은 한 손엔 성경을, 다른 한 손에는 톱을 들고 있다.

12.
거룩한 사도들의 광장
- 12사도 교회
Basilica dei Santi XII Apostoli

트레비 분수에서 베네치아 광장 방향으로 가는 길에 사도 빌립과 작은 야고보의 유해가 있는 12사도 교회가 있다. 교회 앞 광장 이름도 '거룩한 사도들의 광장(Piazza Santi Apostoli)'이다. 로마 교회 중에서 기존의 건축물 위에 재건축되지 않고 새로 지어진 유일한 교회지만, 건축 자재만큼은 트라야누스 포럼과 콘스탄티누스 욕장에서 가져온 것들을 재사용했다. 12사도 교회라는 이름답게 교회 외관 상단에 예수와 12사도의 동상이 세워져 있다.

빌립과 소야고보의 교회가 아닌 12사도 교회라고 부르는 이유는, 이 교회가 당시 콘스탄티노플 12사도 교회를 모델로 해서 지었기 때문

✤ 12사도 교회 정면

이다. 콘스탄티노플 12사도 교회는 돔이 있지만, 로마의 12사도 교회에는 돔을 올리지 않았다.

8세기 교황 하드리아누스 1세는 이 12사도 교회가 모자이크로 가득 차있다고 묘사했지만, 안타깝게도 1348년 로마 대지진으로 모자이크들이 소실되었다. 교회는 15세기에 콜론나 가문 출신 교황 마르티노 5세에 의해 재건되었고, 교회 인근에는 지금도 콜론나 가문 궁전이 남아있다. 이 궁전은 1702년에 지금의 모습으로 개축되었다.

12사도 교회는 현재 프란치스코 수도회가 관리하고 있으며, 교회 건물 안에 프란치스코 수도원에 속하는 작은 정원이 있다. 이곳에서 특별한 묘지 기념비를 만날 수 있는데, 바로 미켈란젤로의 묘지 기념비이다. 로마에서 사망한 그의 시신을 피렌체로 옮기기 전에 이곳에서 임시로 보관했기에 남은 흔적이다. 로마를 예술의 도시로 만드는 데 가장 큰 공헌을 한 예술가는 미켈란젤로일 것이다. 그의 묘지의 흔적과 비문을 본다는 것만으로도 의미가 깊다.

미켈란젤로 묘비가 있는 수도원 정원

미켈란젤로 묘지가 임시로 있었던 곳에 세워진 비문

교회 내부는 6세기에 그리스식 십자가 모양으로 지어졌다가 재건축하면서 라틴식 십자가 구조로 바뀌었다. 중앙 제단 뒤, 눈에 띄게 큰 프레스코화는 세로 길이만도 무려 20미터로, 현재 로마 교회 제단화 중에서는 가장 거대하다.

✢ 도메니코 무라토리 作.
사도 빌립과 작은 야고보의 순교를 주제로 그려진 제단화로, 로마의 제단화 중에서 가장 크다.

이 프레스코화는 사도 빌립과 작은 야고보의 순교를 주제로 그려졌다. 1716년 도메니코 마리아 무라토리(Domenico Maria Muratori)의 작품이다. 사도 야고보가 예루살렘에서 돌과 몽둥이를 맞고 순교하는 모습과, 사도 빌립이 십자가형으로 순교하는 모습이 그려져 있다.

두 사도의 유해를 보기 위해서는 중앙 제단 아래 지하로 내려가야 한다. 여느 교회보다 넓은 지하 공간에 들어서면 꼭 카타콤베에 온 것 같은 느낌이 든다. 실제로 칼리스토 카타콤베와 도미틸라 카타콤베를 모방해서 지었기 때문이다. 사도 빌립과 작은 야고보의 유해뿐 아니라, 지하 발굴 과정에서 밝혀진 여러 순교자들의 유물과 유골도 함께 모셔지는 공간이다. 1871년에 지어졌다.

✢ 지하에 사도 빌립과 작은 야고보의 유해가 모셔져 있다

다시 지상으로 올라와 천장을 올려다보면 화려한 바로크 양식의 프레스코화가 있는데, 베르니니의 제자 조반니 바티스타 가울리(Giovanni Battista Gaulli)의 작품이다. 빌립과 작은 야고보의 유물을 보관하고 있는 12사도 교회를 그리스도께 바치는 내용의 그림이다. 야고보 옆에는 그

의 순교를 상징하는 지팡이를 든 천사가, 빌립 옆에는 그의 순교를 상징하는 십자가를 든 천사가 있다.

✤ 조반니 바티스타 가울리 作.
12사도 교회를 그리스도께 봉헌하는 의미를 담았다.

또 다른 아름다운 프레스코화가 앱스 부분에 있다. 화가 멜로초 다 포를리(Melozzo da Forli)가 그린 <그리스도의 승천>이란 작품이다. 미켈란젤로의 <최후의 심판>을 떠올리게 하는 그림인데, 실제로는 미켈란젤로가 <그리스도의 승천>에서 영감을 받아 역동성과 구도, 인물 표현을 <최후의 심판>에 담아냈다. 18세기 12사도 교회 개조 작업 과정에서 <그리스도의 승천> 작품의 일부는 바티칸 피나코테카로 옮겨졌고, 그중 '그리스도'의 모습이 있었던 일부는 퀴리날레 궁전으로 옮겨졌다. 특히 바티칸 피나코테카 미술관에서 볼 수 있는 멜로초의 천사들이 유명하다. 아래를 내려다보는 천사의 모습도 미켈란젤로에게 영감을 주어, 후에 <최후의 심판> 속 그리스도의 모습에 반영되었다.

멜로초 다포를리 作,
<그리스도의 승천> 일부.
<음악의 천사들>이라는 제목으로도 알려져 있다.
그의 프레스코화는 미켈란젤로에게도 영향을 주었다.

13.

이방의 신전 위에 세워진 교회
- 사도 바르톨로메오 교회
Basilica di San Bartolomeo all'Isola Tiberina

―――――――――――――――――――

> 예수께서 나다니엘이 자기에게 오는 것을 보시고 그를 가리켜 이르시되 보라 이는 참으로 이스라엘 사람이라 그 속에 간사한 것이 없도다
>
> 요한복음 1:47

바르톨로메오는 톨로메오(탈마이, talmai)의 아들이란 뜻이다. 요한복음의 나다니엘과 같은 인물로 전해진다. 나다니엘은 '하나님께로 온 사람'이란 뜻이다.

예수님은 나다니엘을 만났을 때 '그 속에 간사한 것이 없다'라며 칭찬해 주셨다. 나다니엘이 놀라 물었다. '어떻게 나를 아시나이까.' 예수께서는 '빌립이 너를 부르기 전에 네가 무화과 나무 아래에 있을 때 보았노라' 하셨다. 나다니엘은 감동하여 말했다. '당신은 하나님의 아

들이시요 당신은 이스라엘의 임금이로소이다.' 그는 베드로가 성령에 이끌려 예수님이 하나님의 아들이라고 대답하기 전에, 그것을 이미 깨달았다.

하지만 성경에는 나다니엘에 대한 기록이 많지 않다. 나다니엘과 동명인으로 알려진 바르톨로메오는 아르메니아에서 순교한 것으로 전해진다. 산 채로 살갗이 벗겨지는 고문을 당한 후 참수형으로 순교했다. 그래서 바르톨로메오의 상징은 칼로 벗겨진 살가죽이다.

✣
미켈란젤로 作, <최후의 심판>.
바르톨로메오가 자신의
살가죽을 들고 예수님을
바라보고 있다.
살가죽의 얼굴 부분은
미켈란젤로의 자화상이다.
(출처: Italian Renaissance art.com)

미켈란젤로는 <최후의 심판>에 바르톨로메오의 벗겨진 살가죽을 그렸다. 바르톨로메오가 예수님에게 자신의 벗겨진 살가죽을 봉헌하는 모습이다. 흥미로운 것은 그 벗겨진 살가죽에 미켈란젤로 자신의 자화상을 그려 넣었다는 것이다.

400명 이상이 그려진 <최후의 심판> 그림에서 바르톨로메오가 베드로와 바울 가까이 그려져 있는 것도 흥미롭다. 미켈란젤로는 바르톨로메오의 살가죽에 그린 자화상을 통해 신앙 고백을 남긴 것이 아닐까.

바르톨로메오의 유해는 현재 로마에 있다. 아르메니아에서 순교한 바르톨로메오의 유해는 처음에 오늘날 시리아인 고대 도시 두라에우로포스라는 곳에 모셔졌었다. 그 후에 신성로마제국 황제 오토 3세가 983년 로마로 바르톨로메오의 유해를 모셔왔다. 의술의 신전이 있던 자리에 바르톨로메오 유해를 모시는 바르톨로메오 교회가 세워졌다.

바르톨로메오 교회 주변 풍경은 매우 아름답다. 교회가 로마의 테베레강에 있는 배 형태의 테베레섬에 있다. 로마 역사의 초기 왕정 시대 마지막 7대 왕이었던 타르퀴니우스 수페르부스는 폭정으로 로마인들의 미움을 받았는데, 결국 그가 죽자 로마 백성들이 시신을 테베레강에 던져버렸다고 한다. 그의 시신이 던져진 곳에 토사물이 쌓여 테베레섬이 되었다는 전설이 있다.

테베레섬은 죄인과 전염병 걸린 이들을 격리 수용하던 곳이었다.

그러다 293년 로마에 심각한 전염병이 돌았는데 이때 로마 원로원들이 의술의 신에게 바치는 신전을 짓기로 결정한다. 신전을 짓기 위해서는 의술의 여신인 아스클레피오스 조각상이 필요했다. 의술의 여신상을 얻기 위해 에피타우루스로 사절단이 파견된다.

사절단은 에피타우루스 의술의 신전에서 신전 관습에 따라 뱀 한 마리를 잡아 로마로 돌아왔다. 사절단의 배가 로마 테베레강 섬에 도착했을 때 뱀이 배에서 빠져나가 테베레강으로 들어갔다고 한다. 신전은 배에서 뱀이 빠져나간 곳 옆에 세워졌다. 섬의 모양이 배 모양인 것도 우연이 아닌 것처럼 느껴진다.

✣ 로마의 테베레강에 있는 작은 섬 테베레섬

교회로 들어가 중앙 제단 쪽으로 가면 제단 앞에 붉은 석관을 볼 수 있는데 사도 바르톨로메오의 유해를 모신 석관이다. 석관 뒤에는 20세기에 순교한 순교자들이 그려진 이콘이 있다.

✣ 사도 바르톨로메오의 유해가 모셔진 붉은 석관

바르톨로메오의 석관 뒤에 20세기 순교자들의 그림이 있는 것은, 바르톨로메오 교회가 20세기와 21세기에 순교한 기독교인들을 위해 봉헌된 교회이기도 하기 때문이다. 그래서 교회 양 측랑에 20-21세기에 순교자들에게 봉헌된 6개의 작은 경당이 있다.

중앙 제단의 왼쪽 측랑에 코뮤니즘으로 순교한 이들을 위한 예배당과 아메리카, 아시아에서 순교한 이들에게 봉헌된 작은 예배당이 있다. 오른쪽 측랑에는 나치하에서 순교한 이들을 위한 예배당, 그리고 유럽, 아프리카에서 순교한 이들을 위한 작은 예배당이 있다. 순교자들의 사진과 친필 편지, 그들이 읽었던 성경책들이 전시되어 있다.

✣ 나치하에서 순교한 이들을 위해 봉헌된 경당

바르톨로메오 교회를 나오면 왼쪽으로 테베레강이 흐르고, 오른쪽으로는 유대인 지역인 게토가 있다. 이스라엘에서 기독교가 시작된 만큼, 그들 민족에서 가장 많은 기독교 순교자들이 나왔다. 그런데도 많은 정통 유대인들은 여전히 예수 그리스도가 메시아인 것을 깨닫지 못하고 있다.

　이스라엘 사람들은 이방인들이 이스라엘의 아브라함과 모세의 하나님 때문에 순교하고 있는 것에 대해 어떻게 생각할까. 유대인 바르톨로메오가 아르메니아에 가서 복음을 전하고 살가죽이 벗겨져 죽었는데 아르메니아가 세계에서 최초로 기독교를 국교로 공인한 나라가 된 것에 대해 어떻게 생각할까. 자못 궁금해진다.

✜ 테베레 강변 쪽에서 보는 바르톨로메오 교회

14.

마태의 소명, 마태의 영감, 마태의 순교
- 산 루이지 데이 프란체시 교회
San Luigi dei Francesi

> 예수께서 그곳을 떠나 지나가시다가 마태라는 사람이 세관에 앉아 있는 것을 보시고 이르시되 나를 따르라 하시니 일어나 따르니라
>
> 마태복음 9:9

✳ 마태의 소명

카라바조는 밀라노 근처 카라바조라는 마을에서 태어났는데, 그의 본명은 미켈란젤로이다. 피렌체의 천재 예술가 미켈란젤로와 구별하기 위해서 그가 태어난 마을 이름을 따 그를 '카라바조'로 부른다.

카라바조가 로마에 온 것은 20대 때였다. 그가 처음 의뢰받아 그린 그림이 르네상스의 막을 내리게 하고 바로크 시대라는 새로운 미술사

를 만들었다. 그 그림을 볼 수 있는 곳이 산 루이지 데이 프란체시(San Luigi dei Francesi) 교회이다.

✦ 프랑스 국립 교회 산 루이지 교회

프랑스 루이 9세 왕에게 봉헌된 교회로 현재 로마에 사는 프랑스인들을 위한 프랑스 국립 교회이다. 루이 9세는 기독교 신앙이 깊었던 왕이었기에 '성 프란치스코가 왕관을 쓴 듯한 왕'으로 불렸다. 기독교 신자로서 성지 예루살렘을 회복하려고 십자군 원정을 하다 사망하여 성인의 반열에 올랐다.

✤ 프랑스의 왕 루이 9세

많은 로마 성지 순례자들이 카라바조의 마태 3부작을 보기 위해 프랑스 국립 교회에 방문한다. 마태 3부작은 교회 안 왼쪽 맨 끝 경당에서 볼 수 있다. 콘타렐리 추기경의 무덤이 있는 경당이다. 콘타렐리는 죽기 전 자신의 경당을 장식하기 위해 카라바조에게 제단화를 의뢰했는데, 이렇게 해서 완성된 것이 마태 3부작이다.

✣ 카라바조 作, <마태의 소명>

마태 3부작 중 가장 빼어난 걸작이자 바로크 시대의 서막을 연 작품으로 평가받는 것은 <마태의 소명>이다. 예배당에 걸린 세 그림 중 맨 왼쪽이 <마태의 소명>이다.

그림을 보는 순간, 세리 마태를 부르신 예수께서 마치 그림을 보는 순례자 또한 함께 부르시는 것 같은 감동이 느껴진다. 그 감동은 르네상스의 균형 잡힌 아름다움에 대한 감탄과는 다르다. 르네상스 흐름 속에 있었던 카라바조는 종교가 어떻게 사실주의로 묘사될 수 있는지를 보여주고 있다.

성경에서 마태는 세리였다. 로마의 지배를 받고 있던 유대인들은 로마 황제에게 세금을 바쳐야 했고, 그 세금을 걷는 유대인은 민족 반역자로 질타를 받았다. <마태의 소명>은 예수께서 멸시받던 세리 마태를 찾아와 그를 불러주시는 장면을 묘사했다. 그림 속 인물들이 카라바조가 살던 시대의 옷을 입고 있어서 종교화처럼 보이지 않는다. 예수님도 17세기의 옷을 입고 계신데, 세리 마태의 고급 옷과 비교되는 천민의 옷이다. 당시 성직자들이나 비평가들은 이 그림을 보고 충격에 빠졌다.

여윈 얼굴과 맨발의 예수님이 손가락으로 마태를 가리키고 계신다. '내가 너를 지명하여 불렀나니'라는 이사야 43장의 말씀이 떠오른다. 마태를 부르시는 예수님의 손은 미켈란젤로 <천지창조>에서의 아담의 손을 모방해서 그렸다. 하나님이신 예수님의 손가락을, 아담에게 생명을 주시는 힘 있는 하나님의 손가락이 아니라 생명을 받는 아담의 손가락으로 묘사한 것이다.

만약 예수님의 손을 아담에게 생명을 주시는 하나님의 힘 있는 손처럼 그렸다면 이 그림 전체의 분위기가 바뀌었을 것이다. 카라바조는 예수님을 '하나님의 아들이면서 완전한 사람이신 예수'로 표현하고 있고, 때문에 그가 묘사한 예수님의 손은 명령을 내리는 것이 아니라 초대하는 손길로 보인다.

예수님 옆에는 그로부터 '나를 따르라'라는 말씀을 듣고 첫 제자가 된 베드로가 있다. 베드로가 든 지팡이는 17세기 로마를 찾아오는 순례자들의 지팡이를 상징한다.

예수의 부르심을 받은 마태는 어리둥절해서 손가락으로 자신을 가리키며 '나를 부르셨나이까'라고 확인하듯 묻고 있다. 카라바조 그림에서 빛과 그림자의 극적인 효과는 감상자의 시선과 관심을 그림의 주인공과 주제에 집중시킨다. 이러한 명암 연출은 카라바조가 밀라노에 있을 때 레오나르도 다빈치의 작품들을 접하면서 영감을 받은 것이다.

빛이신 예수님이 마태가 있는 곳에 들어오셨고, 그림에는 없는 창문에서 빛이 들어와 마태를 연극 무대 주연처럼 비춰주고 있다. 그 빛은 자연의 빛이 아니라 예수님의 은혜의 빛이다. 마태 주변에 있는 그의 동료 중 하나는 예수님이 들어오셨는데도 여전히 탁자 위 돈만 세고 있다. 돈에 빠져있을 때의 탐욕스러운 표정이 그 청년의 얼굴에 리얼하게 묘사된다. 은혜의 빛이 비친다 한들 모두 그 은혜를 바라보지는 않는다는 것을, 카라바조는 잘 알고 있었다.

<마태의 소명>이 너무나 사실적인 자연주의 기법이라, 그림을 보는 이는 흡사 자신이 그림 속 어느 한 곳에 함께 앉아있는 것이 아닌가라는 착각에 빠진다. 빛처럼 들어온 예수님께서 그림을 보는 이를 향해서도 부드럽게 손짓하시는 것만 같다. 그렇다면 성화로서도 최고가 아닐 수 없다.

* **마태의 영감**

마태는 예수님의 부르심을 받은 후 세리로서 얻었던 많은 재산을 버리고 예수님의 제자가 된다. 예수께서 돌아가시고 부활 승천하신 후 마태는 복음서를 기록한다. 마태복음은 예수님이 하나님의 아들이심을 유대인들에게 알려주기 위한 치밀한 계산으로 쓰여졌다. 똑똑하고 계산에 능했으며, 율법 지식도 풍부했던 마태만이 쓸 수 있는 복음서였다. 마태복음이 신약성경을 시작하는 복음서인 것도 구약의 율법과 선지자들의 예언을 인용해서 예수님을 설명하는 구약과 신약의 징검다리 역할을 하기 때문이다.

✤ 카라바조 作, <마태의 영감>

그러나 성경은 사람이 쓰는 것이 아니라 하나님의 천사가 성령으로 도와주는 것이다. <마태의 영감>은 마태가 천사의 도움으로 복음서를 쓰는 장면이다. 사실, 카라바조는 <마태의 소명>을 그린 후 <마태와 천사>라는 그림을 먼저 그렸었다. 그런데 교회 성직자들이 그것은 종교 제단화가 될 수 없다고 거부했다. 마태를 무식해 보이는 노인으로 묘사하고, 천사를 관능미가 흐르는 여자로 그려 신성모욕이라고 평가받았다. 카라바조는 그림을 새로 그려야 했다. 그리고 3개월 만에 다시 완성된 작품이 <마태의 영감>이다.

논란이 되었던 여자 천사는 남자 천사로 바뀌었다. 주름진 얼굴과

더러운 발로 쭈그려 앉아있었던 마태는 선 자세로 복음서를 쓰며 눈으로는 천사를 올려다보고 있다. 마태 머리 위에 후광도 있다. 카라바조의 명암법이 여전히 돋보이지만 <마태의 영감>보다 <마태의 소명>이 제단 중앙에 놓였더라면 더 좋았을 것 같다.

* **마태의 순교**

예수님의 제자들은 땅끝까지 복음을 전하는 사명으로 세상 뿔뿔이 흩어졌고 마태는 에티오피아로 갔다. 마태는 창에 찔려 순교한 것으로 전해진다. 그의 죽음에 대해 여러 전승이 있는데 그중 하나가 다음의 이야기이다.

에티오피아 왕 에우지포의 아들이 중병에 걸렸을 때, 마태가 기적적으로 그를 살려준다. 마태는 이 일을 계기로 에티오피아 왕가에 복음을 전할 수 있었다. 새로운 왕 힐타코가 왕좌에 오르게 되고, 새 왕은 이전 에우지포 왕의 딸 이피제니아와 결혼하고 싶어 했다. 그런데 공주는 마태로부터 복음을 듣고 하나님 앞에 동정 서원을 했기에 왕의 청혼을 거절했다. 공주의 동정 서원이 마태의 계략이라고 생각한 힐타코 왕은 자객을 보내어 마태를 살해했다. 마태가 왕이 보낸 자객에 의해 살해당하는 장면이 바로 <마태의 순교>이다.

이 그림은 카라바조에게 <마태의 순교>를 의뢰한 콘타렐리 추기경의 요구대로 그려진 것이다. 카라바조가 의뢰인의 요구를 그대로 준수하며 그려서일까? 인물들이 산만할 정도로 넘치는 전체 구조가 카라바조의 그림답지 않게 느껴지기도 한다.

르네상스에서 바로크로 넘어가기 전 시기 카라바조는 잠시 매너

✣ 카라바조 作, <마태의 순교>

리즘을 앓았는데, 이 그림에서 바로 그 매너리즘이 느껴진다는 평가도 있다. 어쩌면 화가 카라바조의 거칠었던 삶의 현실이 그를 매너리즘으로 잠시 내몰았는지도 모른다. 그래서였을까, 카라바조는 <마태의 순교>의 살인자 뒤 왼쪽에 자신의 자화상을 그려 넣고, 마태가 살해당하기 전 순간을 지켜보게 만들었다.

마태는 순교하는 순간 무슨 생각을 떠올렸을까. 예수님의 사랑을 전하다가 죽는 순간이었으니, 예수님을 처음 만났던 날을 떠올렸을지도 모르겠다. 모두가 멸시하던 세리를 친히 찾아오셨고 '나를 따르라' 해주셨다. 마태의 집에서 음식도 함께 드셨다. 마태는 이날을 마태복

음에 생생히 기록하고 있는데, 이 기록을 쓸 때 눈물을 많이 흘렸을 것 같다.

예수께서 마태의 집에서 앉아 음식을 잡수실 때에 많은 세리와 죄인들이 와서 예수와 그의 제자들과 함께 앉았더니

바리새인들이 보고 그의 제자들에게 이르되 어찌하여 너희 선생은 세리와 죄인들과 함께 잡수시느냐

예수께서 들으시고 이르시되 건강한 자들에게는 의사가 쓸데없고 병든 자에게라야 쓸데 있느니라

너희는 가서 내가 긍휼을 원하고 제사를 원하지 아니하노라 하신 뜻이 무엇인지 배우라 나는 의인을 부르러 온 것이 아니요 죄인을 부르러 왔노라 하시니라

마태복음 9:10-13

4장

기독교를 박해한 로마 황제들

15.

기독교 박해의 서막
- 황금 궁전
Domus Aurea, 네로 황제

　로마 5대 황제 네로(54-68년)의 궁전은 여타 황제의 궁전과는 달리 팔라티노 언덕 맞은편에 있다. 팔라티노 언덕에 지어졌던 그의 첫 궁전이 64년 로마 대화재로 인해 파괴되었기 때문이다. 세간에는 로마 대화재의 범인이 네로라고 알려져 있지만, 그가 정말 자신의 궁전을 파괴하면서까지 불을 질렀을까 하는 의구심을 지우기는 어렵다.

　새롭게 지어진 네로의 궁전은 팔라티노 언덕에서 낮은 편 에스퀼리노 언덕과 오피오 언덕까지 총 250헥타르에 이르는 어마어마한 규모였다. 너무나 크고 화려해서 '황금 궁전'으로 불렸다. 심지어 세 언덕 아래에 인공 호수까지 만들었다. 이 인공 호수 자리에 나중에 거대한 원형극장이 세워질 줄 네로는 상상도 못 했을 것이다.

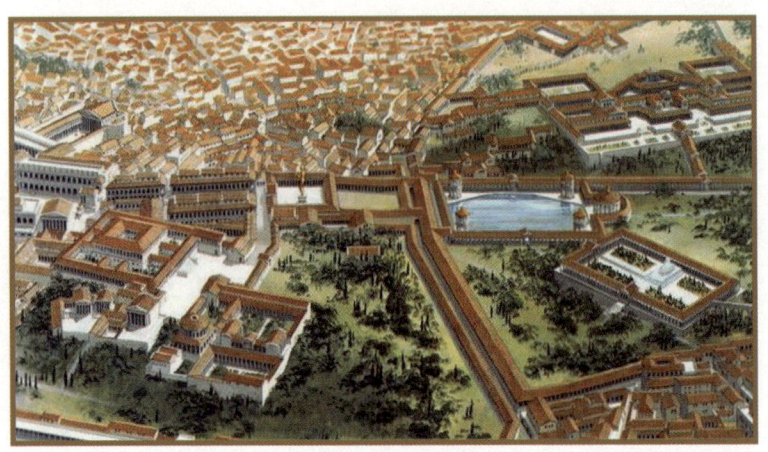

✤ 네로의 황금 궁전
(출처: roma daily news)

화재로 이재민이 된 로마 시민들은 자신들의 집터 위에 궁전을 짓는 네로에게 분노했다. 원로원들은 국가를 혼란스럽게 만든 네로를 제거하기로 결정했고, 네로는 쫓기다 자결한다. 뒤를 이은 황제 베스파시아누스는 네로의 황금 궁전을 로마 시민들을 위한 오락 시설로 바꾸었다. 네로를 싫어하는 로마 시민들로부터 새 황제로서의 인기를 얻을 수 있는 고도의 정치 전략이었다. 황금 궁전 중앙에 있던 인공 호수 자리에 세상에서 가장 큰 원형 극장이 들어섰다. 콜로세움이다.

베스파시아누스는 팔라티노 언덕 위, 옛 네로의 궁전 자리에 자신의 궁전을 지었다. 그는 팔라티노 언덕 궁전에서 아래를 내려다보며 콜로세움의 건설을 지켜보았다. 네로의 황금 궁전은 베스파시아누스에 의해 파괴되었는데, 19세기에 황금 궁전 일부가 에스퀼리노 언덕 아래에서 발굴되었다. '도무스 아우레아'라고 불리는 네로의 황금 궁전을 그리스도인으로서 방문하는 것은 의미가 있다. 네로가 기독교 박해를 시작한 황제였고, 그의 손에 기독교의 커다란 두 기둥인 베드로와 바울이 순교했기 때문이다.

도무스 아우레아를 찾아가기는 쉽다. 콜로세움이 보이는 언덕에 있기 때문이다. 지금은 도심 속 공원으로 조성되어 있는데 에스퀼리노 언덕에 속하는 공원 아래에 황금 궁전이 있다. 이 에스퀼리노 언덕 쪽 네로의 황금 궁전 일부는 나중에 트라야누스 황제가 목욕장으로 만들었다.

16세기에 도무스 아우레아의 프레스코화들이 발굴되어, 당시 로마에 있던 예술가들이 땅 밑 동굴에 그려져 있는 프레스코화를 보러 내려갔다. 전통 기법에서 벗어난 뛰어난 상상력과 기묘한 기법의 프레스코화는 라파엘로를 비롯한 당대 예술가들에게 신선한 충격을 주었고, 이는 '동굴(grotta)에 그려진 기묘한 그림'이라는 의미의 '그로테스크(grotesque)'라고 불리게 되었다. 미켈란젤로도 이에 영향을 받았기 때문에, 바티칸 궁전과 산탄젤로 성에 그려진 미켈란젤로 프레스코화에서

❖ 도무스 아우레아가 있는
에스퀼리노 언덕에서 보이는 콜로세움

도 그로테스크적 이미지를 엿볼 수 있다. 그런데 16세기에는 이 그로테스크한 프레스코화가 있는 곳이 네로의 궁전이었다는 것을 몰랐다.

✢ 도무스 아우레아 벽에 그려진 프레스코화

네로는 기독교인들은 박해했지만 예술은 사랑한 황제였다. 그의 궁전에는 그리스에서 가져온 조각상들이 가득했고, 그중 하나가 <라오콘 군상>이다. 헬레니즘 조각의 역동적인 신체미를 보여주는 라오콘 군상은 지금은 바티칸 박물관에 있다. 라오콘 군상이 있는 정원에 아름다운 몸매의 아폴로 조각상 또한 전시되어 있는데, 이 역시 네로의 황금 궁전에 있었던 조각이다. 네로가 쓰던 욕조도 바티칸 박물관에서 볼 수 있는데, 욕조가 높아 노예를 밟고 들어갔다고 한다.

네로의 황금 궁전에 그려진 프레스코화는 일리아드 오디세이 내용이 많다. 네로가 일리아드 오디세이를 좋아했기 때문이다. 네로는 문학, 연극, 그림을 좋아했고, 특히 노래 부르기를 즐겼다. 특별한 목 관리를 하며 노래 레슨까지 받고 개인 콘서트도 열었다. 네로가 노래부르는 것을 들어야 했던 부하들은 곤욕스러워했다. 네로의 다음 황제가 된 베스파시아누스도 원래 네로의 부하이자 군인이었는데, 네로의 노래를 듣다가 졸았다는 벌로 팔레스타인 땅으로 보내진 것이다.

베스파시아누스는 네로의 부하로서 유대 땅으로 추방되었으나, 황제로서 로마로 돌아왔다. 그는 자신을 팔레스타인 땅으로 쫓아냈던 네로의 궁전터에 자신의 가문 이름을 새긴 세계 최초 원형극장을 세웠다. 팔라티노 언덕 네로가 살았던 궁전 위에 자신의 궁전을 지음으로써 개인적으로 통쾌한 복수를 한 셈이다.

네로가 뛰어난 예술가는 아니었어도, 자신이 좋아했던 예술을 즐기면서 살았다면 평범하지만 행복한 삶을 살았을 것이다. 어머니 아그리피나의 정치 야욕으로 17살 어린 나이에 황제가 되어야 했던 게 그의 불행의 시작이었다. 황제는 네로였지만 실제 권력은 아그리피나가 쥐고 있었다. 네로는 자신을 꼭두각시로만 취급하는 아그리피나의 통제에 정신분열자가 되어갔고, 결국 친모를 살해하는 패륜아가 된다. 어머니에 의해 정략결혼했던 아내, 즉 전 황제 클라우디우스의 딸도 죽인다. 양아버지 클라우디우스 아들이자 자신과 황제권을 다툴 수 있었던 이복형제마저도 제거했다. 자신의 오랜 스승이었던 세네카에게는 자살을 명했다. 살인자 네로는 점점 미치광이가 되어갔다. 기독교인들을 잔인하게 박해한 그의 심리적 배경이라고도 할 수 있다.

하지만 네로가 아니더라도 로마에서 기독교인은 이미 미움의 대상이었다. 로마의 핵심은 종교였다. 로마의 다신교는 전통이고 관습이자 문화였다. 황제들은 이 다신교를 이용해 자신도 신으로 만들었다. 이런 로마 전통문화에 저항하는 유일한 집단이 기독교인들이었다. 기독교인들은 우상숭배를 거부하고, 하나님만을 유일신으로 인정했기 때문이다.

기독교 박해 기간 동안 로마제국 속국에 파견된 총독들도 기독교인들을 박해했고, 목숨을 협박해서 기독교인 배교자를 만들려고 애썼다. 그러다 오히려 기독교인이 되어버린 총독도 있었다.

로마인들은 유대인과 기독교인을 따로 구별하지 않았지만, 그들이 예루살렘 성전에 비치던 세금을 황제에게 바치라고 했을 때 따른 쪽은 유대인들이고 끝까지 따르지 않은 쪽이 기독교인들이었다. 이 특이한 집단에 온갖 오해가 덧입혀졌다. 그리스도인들끼리 서로를 형제, 자매라 부르는 것을 두고 그들이 근친상간하는 집단이라는 소문이 나기도 했다. 그리스도의 살과 피의 상징을 나누어 먹는 성찬식은 사람의 살과 피를 먹는 행위로 와전되었다. 기독교인들을 혐오했던 로마 시민들은 기독교인이 십자가에 매달린 채 거리에 세워져 불타는 모습도, 콜로세움 경기장에서 굶주린 사자의 먹이가 되는 모습도 단지 짜릿한 공연을 보듯 여겼다.

네로의 황금 궁전은 많이 알려지진 않았지만, 기독교인으로서 2천 년 동안 땅에 묻혀있었던 네로의 궁전터를 보는 것은, 마치 기독교의 박해가 시작된 시간으로 들어가는 것 같은 떨림이 있다. 도무스 아우레아는 가이드와 동반 입장하게 되어있는데, 들어가면 먼저 궁전 벽에 영상을 덧입혀 도무스 아우레아의 옛 모습을 보여준다. 당대에는 150개의 방이 있었고 모든 것이 금, 보석, 조개껍데기, 진주로 장식되어 있었다고 한다. VR로 2천 년 전 궁전을 보게 되면, 당시 황금 궁전이 얼마나 화려하고 빛이 가득 들어오는 열린 공간이었는지에 놀라게 된다.

✜ 돔이 있는 네로의 식당 팔각형 방

네로의 식당으로 알려진 팔각형 방(Sala Ottagonale di Nerone)을 하이라이트로 도무스 아우레아 투어가 마쳐진다. 네로가 파티를 열기도 했던 이 방에 만들어진 돔이 로마에서 발견된 돔 중 가장 오래된 돔이다. 돔의 바깥은 회전할 수 있게 만들어졌고, 방에 있는 손님들에게 꽃잎과 향수를 뿌리기도 했다. 방 한쪽 벽에는 물이 흐르는 계단도 있었다.

　네로는 이 황금 궁전을 거의 즐기지 못했다. 목숨을 위협받고 쫓기다 자살했기 때문이다. 이후 그는 '폭군'이라는 저주받은 평가로 역사에 기록되었다. 그러나 네로가 죽인 베드로는 로마 가톨릭의 초대 교황이 되었다. 네로가 죽인 바울은 베드로와 함께 로마의 수호성인이 되었다. 네로가 죽인 모든 그리스도인들은 모두 천국의 순교자의 황금 궁전에서 살고 있다.

✣ 도무스 아우레아 출구

16.

올림픽 경기장에서 요한계시록이 시작되다
- 나보나 광장
Piazza Navona, 도미티아누스 황제

　나보나 광장은 광장의 도시 로마에서도 단연 가장 사랑받는 광장이다. 바로크풍 광장에는 베르니니가 만든 아름다운 분수가 있고, 멋진 중세 건축물이 있고, 다양한 거리 예술가들도 만날 수 있다. 무대 같은 광장의 노천카페에서 이태리 요리를 즐기는 이들은 행복해 보인다.

　그러나 나보나 광장에서 지하 5미터를 내려가면 숨 막히는 경기가 벌어졌던 2천 년 전의 시간 속에 발을 딛게 된다. 나보나 광장은 도미티아누스 황제의 경기장이었다. 콜로세움을 마지막으로 완공한 황제다. 그의 아버지 베스파시아누스 황제가 콜로세움을 짓기 시작했고, 형 티투스 황제가 3층으로 개축했다. 티투스가 죽고 황제로 즉위한 도미티아누스는 콜로세움을 4층으로 다시 개축한 후, 콜로세움 행사에

 ✜ 나보나 광장은 예술가의 광장
 ✜ 나보나 광장의 노천카페

필요한 모든 것들을 콜로세움 지하에 보관했다. 콜로세움의 검투사 역시 이 지하에 가두어지는 신세를 면하지 못했다. 기독교인들도 순교당하기 전 이곳에 갇혔다. 도미티아누스 황제의 경기장 유적지를 보기 위한 입구는 나보나 광장 세 분수 중 북쪽, 판테온 가는 방향에 있는 '넵튠의 분수' 쪽에 있다.

✤ 넵튠의 분수 뒤쪽에 도미티아누스 경기장 입구가 있다

　도미티나누스 경기장은 86년 길이 275미터의 말발굽 모양으로 만들어졌고, 3만 명의 관중을 수용했다. 지금의 나보나 광장 모양으로 넓어진 것은 중세 시대에 와서다. 도미티아누스는 검투사 경기를 하는 콜로세움이나 마차 경주를 하는 대전차 경기장과는 또 다른 경기장을 만들었다. 육상 경주나 복싱, 창 던지기 같은 그리스 올림픽 종목을 하는 경기장이었는데, 로마에서는 최초였다.

벽돌과 콘크리트로 만든 관중석 아치 모양은 콜로세움을 모방했고, 말발굽 모양은 대전차 경기장을 반원형으로 자른 모양으로 지었다. 도미티아누스는 이집트 아스완에서 오벨리스크를 가져와서 자신의 업적을 새겼는데, 현재 나보나 광장 중앙에 세워져 있다.

네로 황제가 자신의 경기장에서 기독교인들을 처형했듯

✤ 나보나 광장 지하 도미티아누스 경기장 유적

이 도미티아누스 황제도 자신이 만든 경기장에서 기독교인들을 처형했다. 자신을 신격화함으로써 로마제국을 통제하려 했던 도미티아누스는 전 로마제국에 기독교 탄압을 선포했다. 예루살렘 성전이 있었을 때 유대인들이 내던 성전 세금을 로마 황제에게 바치라고 강요했다.

도미티아누스 경기장에서 순교당한 그리스도인들 중 한 명이 아그네스였다. 아그네스가 순교한 경기장 자리에 '성녀 아그네스 교회(Chiesa di Sant'agnese in agone)'가 지어졌다. 나보나 광장 중앙의 오벨리스크 옆에 있다.

* **순교자 아그네스가 잠들다**
　: 아그네스 교회

　아그네스 교회를 지은 것은 광장 분수를 만든 베르니니의 라이벌 보로미니이다. 17세기에 완공되었는데, 이곳은 아그네스가 순교한 4세기부터 예배처였다. 디오클레티아누스 황제의 기독교 박해 시기에 기독교 신앙을 지켜나가던 아그네스는 이교도인과의 결혼을 강요받자 거절한다. 예수님에게 순결을 바치기를 맹세했기 때문이다. 아그네스는 로마를 보호하는 베스타 여신 앞에서의 숭배도 거절했고, 그로 인해 도미티아누스 경기장에 있었던 매음굴에 던져졌다.

　매음굴에 던져진 아그네스의 몸에서 빛이 나기 시작했다. 그녀에게 접근하던 남자들은 의문의 빛을 두려워했다. 한 남자가 그녀를 만지려 하자, 갑작스러운 섬광이 일어나 그의 눈을 멀게 했다. 아그네스는 도미티아누스 경기장에서 결국 칼에 찔려 순교한다. 교회 중앙 제단 왼쪽에 아그네스의 순교당한 머리 유해를 모시는 경당이 있다.

　지하실(Crypta)로 내려가면, 4세기 그리스도인들의 예배 처소를 볼 수 있다. 벽에는 기독교 신앙을 담은 프레스코화가 그려져 있다.

　지하에서 도미티아누스 경기장의 일부 유적을 볼 수 있다. 경기장의 관중석에 해당하는 아치형 문 오리지널이다.

❖ 지하에 보존되어 있는 4세기 예배 처소

✤ 아그네스 교회 지하에서 볼 수 있는 도미티아누스 경기장 유적

✱ 밧모섬으로 유배당한 사도 요한

도미티아누스는 예수님의 제자 중 사도 요한을 핍박했던 황제였다. 에베소에서 복음을 전하던 사도 요한은 황제 숭배를 거부해서 로마로 이송되었고, 도미티아누스 황제 앞에서 재판을 받았다. 사도 요한은 끓는 기름 가마솥에 던져지는 형을 받았지만 기적적으로 살아나왔다. 그러자 이번에는 그에게 독극물을 마시라는 명령이 내려졌다. 사도 요한은 독을 마시고도 죽지 않았다. 그는 결국 주후 97년에 밧모섬으로 추방되었다.

도미티아누스 황제는 스스로를 신이라고 선언한 독재자였다. 그런가 하면 점성가를 가까이 두고 아폴로신에게 묻거나, 까마귀가 날아가는 것을 보고 미래를 점치기도 했다. 사도 요한은 아폴로나 까마귀와 견줄 수도 없는 예수님으로부터 계시를 받고 밧모섬에서 요한계시록을 기록했다. 그래서 요한계시록은 '예수 그리스도의 계시라'로 시작한다.

> 예수 그리스도의 계시라 이는 하나님이 그에게 주사 반드시 속히 일어날 일들을 그 종들에게 보이시려고 그의 천사를 그 종 요한에게 보내어 알게 하신 것이라 요한은 하나님의 말씀과 예수 그리스도의 증거 곧 자기가 본 것을 다 증언하였느니라 이 예언의 말씀을 읽는 자와 듣는 자와 그 가운데에 기록한 것을 지키는 자는 복이 있나니 때가 가까움이라
>
> 요한계시록 1:1-3

사도 요한은 그리스도인을 박해한 도미티아누스 황제와 로마 세계로 상징되는 세상의 심판을 예언했고, 또한 '왕의 왕, 만주의 주'인 예수께서 천 년을 통치하실 거라고 기록했다. 요한계시록 19장과 20장의 내용이다. 실제로 도미티아누스는 15년을 통치한 후 살해당했으며, 죽은 후 황제로서 최고 수치인 기록 말살형을 당했다.

17세기에서 19세기까지 나보나 광장은 로마 시민들에게 가장 인기

있는 광장 시장이었다. 지금은 시장터가 근처 '꽃의 광장' 캄포 데이 피오리(Campo dei fiori)로 옮겨졌다. 그러나 나보나 광장은 크리스마스 시즌 마켓으로 여전히 유명하다. 예수님의 탄생을 기념하는 크리스마스 장식을 사기 위해 로마 시민들은 나보나 광장으로 몰린다. 기독교인 박해 터전 위에 열리는 예수님의 탄생을 기념하는 마켓이 나보나 광장의 가장 예쁜 풍경일지도 모른다.

17.

기독교 순교자의 마지막 기도
- 치르코 마시모
Circo Massimo, 트라야누스 황제

사랑하는 자들아 너희를 연단하려고 오는 불 시험을 이상한 일 당하는 것같이 이상히 여기지 말고 오히려 너희가 그리스도의 고난에 참여하는 것으로 즐거워하라 이는 그의 영광을 나타내실 때에 너희로 즐거워하고 기뻐하게 하려 함이라

베드로전서 4:12-13

64년, 로마 대화재가 발생하자 네로 황제는 기독교인들이 방화의 진범이라며 기독교 박해를 시작했다. '대전차 경기장(Circo Massimo)'은 바로 그 대화재의 시발점이다. 불에 탔던 대전차 경기장이 복구되자, 황제는 경기장의 기능을 복원하는 동시에 그곳을 기독교인들을 공개 처형하는 곳으로 사용했다.

콜로세움보다 면적이 12배나 더 큰 대전차 경기장에서, 콜로세움에서 희생된 기독교인보다 더 많은 수의 기독교인들이 처형되었다. 로마 기독교 박해 시기 동안 가장 많은 기독교인이 순교당한 곳이 바로 대전차 경기장이다.

대전차 경기장에서의 순교자의 모습을 담은 유명한 그림이 있다. 프랑스 화가 장 레옹 제롬이 1883년에 그린 <기독교 순교자의 마지막 기도>라는 그림이다.

✤ 장 레옹 제롬 作, <기독교 순교자의 마지막 기도>
(출처: wikiart.org)

죽음을 앞둔 한 무리의 그리스도인들이 무릎을 꿇고 머리를 숙여 기도하고 있다. 지도자로 보이는 노인은 서서 하늘을 향해 기도를 올린다. 그들 앞에는 맹수의 발톱 자국 같은 전차 경기장의 거친 바퀴 자국이 선명하다. 굶주린 사자와 호랑이들도 갇힌 곳에서 나오고 있다. 조금 후면 경기장에 있던 모든 그리스도인들은 갈가리 찢기며 죽게 될 것이다. 기도하는 그리스도인들 옆에는 십자가에 매달려 이미 죽은 순교자들이 보인다.

전차 경기장이 사실적으로 묘사된 이 그림의 뒤쪽 중앙에 아치형의 문이 있는데, 티투스 황제가 전차 경기장에 만든 개선문이다. 포로 로마노의 티투스 개선문이 유명하지만, 티투스는 전차 경기장에도 두 번째 개선문을 세웠다. 이 개선문은 파괴되어 일부 파편만 보존되고 있다. 예루살렘을 멸망시킨 황제의 개선문이 그리스도인들이 순교당하는 것을 지켜보고 있는 것이다.

❖ 티투스 개선문 파편.
사진 왼쪽 언덕이 아벤티노 언덕, 오른쪽 언덕이 팔라티노 언덕이다.

<기독교 순교자의 마지막 기도> 그림 속 사자의 왼쪽에 보이는 세 개의 원뿔은 전차 경기장 경주에서 마차가 회전하는 지점에 놓여있던 메테(metae)라는 기둥이다. 전차가 회전할 때는 원심력의 영향을 받기 때문에 상당히 위험하다. 그래서 이 기둥을 돌 때 전차 경주자끼리 서로 부딪히거나 말에서 굴러 떨어지는 등의 많은 사고가 있었다. 이 장면을 테라코타 부조로 새긴 유물 2점이 있는데, 그중 한 점이 바티칸 박물관에 있다.

콜로세움에서 걸어서 십여 분 거리에 있는 대전차 경기장을 찾아가면 그저 넓은 공터로만 보인다. 그러나 이 대전차 경기장은 로마 건국에서부터 제국 시대까지의 중요한 역사를 품고 있다. 치르코 마시모는 로마 건국 신화에도 등장한다. 신화에 따르면 쌍둥이 형제인 로물루스와 레무스가 치르코 마시모를 기준 삼아 서로의 영역을 나누고, 각각 팔라티노 언덕과 아벤티노 언덕 쪽에서 각자의 나라를 시작했다고 한다. 그러나 레무스가 경계선이었던 치르코 마시모를 침범하자, 로물루스는 그를 죽이고 팔라티노 언덕에 나라를 건국했다. 이 나라가 바로 로물루스의 나라, 로마이다.

로물루스는 목동들을 모아 로마를 세웠지만 인구를 늘리기 위해 여자가 필요했다. 그는 치르코 마시모에서 잔치를 열고 로마 근처에 살던 사비나족을 초대해서 남자들을 술에 취하게 한 후, 그들이 취해 정신없는 틈을 타서 여인들을 납치했다.

로물루스는 또한 치르코 마시모에서 유피테르(제우스)신에게 제사를 지냈고, 루디 로마니(ludi romani)라고 불리는 전차 경기를 시작했다. 치르코 마시모가 경기장으로서 크고 화려하게 꾸며지기 시작한 건 율리우스 카이사르 때부터였다. 그 후 아우구스투스 황제가 거대한 건축물로서의 경기장을 완공했다. 25만 명에서 30만 명까지 수용할 수 있는 세계에서 가장 큰 전차 경기장이 2천 년 전에 완공된 것이다. 한 번 경기할 때마다 로마 인구의 4분의 1을 즐겁게 해줄 수 있는 규모였다.

✧ 치르코 마시모 관중석

✤ 치르코 마시모 1층 아치문 내부

2세기 때 트라야누스 황제는 관중석을 벽돌과 콘크리트로 만들고 대리석으로 표면을 장식했다. 경기장을 유지하는 모든 비용은 황제가 냈다. 콜로세움과 같은 빵과 서커스 정책이었다.

무료입장이었기 때문에 시민들은 좋은 자리에 앉기 위해 동이 트기 전부터 전차 경기장 밖에서 기다렸다. 미로처럼 얽힌 어둡고 복잡한 길에는 가게들이 있었고, 우승 마차를 알려주겠다는 점술가들이 다녔으며, 마차 경주 내기를 하는 노름판이 벌어졌다.

마차 경기는 황제가 하얀 손수건을 들어 올려 떨어트리는 것으로 시작되었다. 대기실의 창살이 열리고, 4팀의 마차가 출발한다. 치르코 마시모를 7번 돌아야 하는데 한 바퀴가 1,200m이다. 속도는 시속 70킬로미터였고, 회전할 때는 30-40킬로미터였다.

마차가 돌 수 있게끔 해주는 중앙 분리대는 척추라는 의미의 '스피나(spina)'라고 불렀다. 여러 장식들과 분수, 조각, 신에게 바치는 상징들이 있었다. 로마 제국의 확장을 상징하는 람세스 오벨리스크도 2개나 세워져 있었다.

　이천 년 전의 30만 명의 함성도, 영웅이 되었던 우승 경주자의 영광도, 이 경기장에서 신으로 받들어졌던 황제들의 위세도, 모두 이 치르코 마시모 땅 밑에 묻혀있다. 제국의 영광이 사라진 자리에는 잡초만 무성히 피어있지만 그리스도인들의 순교의 피는 시공간을 넘어 눈에 보이지 않는 세계 속에서 꽃을 피우고 있다고 믿는다.

　　　모든 육체는 풀과 같고 그 모든 영광은 풀의 꽃과 같으니 풀은 마르
　　　고 꽃은 떨어지되 오직 주의 말씀은 세세토록 있도다
　　　　　　　　　　　　　　　　　　　　　　　　베드로전서 1:24-25

✤ 잔디밭이 되어버린 치르코 마시모

18.

로마에는 축복을, 그리스도인에게는 죽음을
- 트라야누스 시장
Mercati di Traiano, 트라야누스 황제

---

* **로마의 황금기를 연 트라야누스 황제**

트라야누스(98-114년)는 로마 최고의 전성기를 만든 5현제 중 한 사람으로, 로마 영토를 가장 널리 확장했던 황제다. 현재 지도상의 30개국의 나라가 트라야누스 치하에서는 로마에 속했다. 또한 트라야누스는 전통적인 세속 황제가 아니라, 최초의 속주국 출신 황제라는 성공 드라마의 주인공이다. 그는 로마에 정복당했던 스페인 출신이었지만 당대 가장 능력 있는 군인이었고, 자녀가 없었던 전 황제 네르바의 양자로 입양되며 왕위 후계자가 되었다. 네르바가 사망하며 황제로 즉위한 트라야누스는 로마제국 영토를 최대치로 확장시켰고, 공익을 위한 업적을 많이 남겼다.

✽ **트라야누스 원기둥**

베네치아 광장 남쪽 방향에는 원기둥이 하나 우뚝 세워져 있다. 트라야누스가 다키아(루마니아) 전쟁의 승리를 기념하기 위해 세운 것이다. 이태리 대리석 산지 카라라에서 가져온 대리석으로 만들었고 높이가 40미터나 된다. 이 주변은 원래 퀴리날레 언덕의 일부였는데, 트라

✤ 트라야누스 원기둥

야누스 황제가 언덕을 깎아내고 트라야누스 황제의 포룸과 대형 쇼핑센터 건축물을 만든 것이다. 원기둥의 높이는 깎여나가기 전 과거 퀴리날레 언덕의 높이인 40미터를 상징한다. 지름이 3.5미터나 되는 원기둥에는 다키아 전쟁의 주요 장면들이 나선형 모양으로 새겨져 있다. 모양을 따라 가며 그림책을 보는 것같이 만들었다. 원래는 모두 색깔이 입혀져 있었는데 현재는 그저 하얀색 대리석으로만 남아있다. 총 길이가 200미터나 되고 2천 5백명이 넘는 인물들이 155개의 장면에 다채롭게 표현되고 있다. 다키아와 전투하는 장면들이 생생하게 묘사되어 있다.

기둥은 아래에서 올려다봐도 너비가 좁아지지 않는 일정한 형태로

보인다. 위로 갈수록 기둥의 폭이 조금씩 넓어지게 만들었기 때문이다. 원기둥 꼭대기에는 트라야누스 황제의 동상이 있었는데 중세 시대 때 동상이 사라졌고 그 뒤 1588년 교황 식스토 5세에 의해 베드로 동상이 세워졌다.

✱ 트라야누스 시장

트라야누스 원기둥의 동쪽 방향에 반원형 모양으로 넓게 펼쳐진 건축물이 있다. 트라야누스가 1,900년 전에 만든 대형 쇼핑센터이다. 6층으로 된 건축물인데, 시장 앞부분에 있었던 트라야누스 포룸을 에워

✢ 트라야누스 시장

싸도록 지름 60미터의 반원형으로 설계한 예술적 감각이 돋보인다.

2천 년 전에 벽돌과 콘크리트로 6층의 견고한 대형 건물을 지었다는 것이 놀랍고, 예술적인 건축구조에 실용적으로 상점들을 배치했다는 것 또한 경탄스럽다. 이 놀라운 건축물을 설계한 이는 그리스 속주 출신 건축가 아폴로도로스(Apollodorus)이다. 아폴로도로스는 트라야누스 황제 기간 동안 만들어진 공공 건축물의 대부분을 건축한 위대한 건축가였다. 하지만 불행히도 트라야누스를 이어 황제가 되는 하드리아누스가 계획한 건축물을 비판하는 바람에, 하드리아누스가 황제로 즉위한 후 암살당하고 말았다.

이 거대한 시장 안에는 150개가 넘는 상점들이 있었다. 시장은 로마의 경제 중심지였을 뿐만 아니라 로마 전 속주들을 관리하는 경제 심장부로 기능했다. 그래서 시장에는 상점을 관리하면서 속주국에서 들어오는 상품도 관리하는 국가 사무실이 함께 있었다. 속주국에서 들어오는 모든 물건들이 거래되었으니, 이 시장에서 구하지 못할 상품들이 없었다. 로마 밖 외국에서 쇼핑을 위해 이곳을 찾아올 정도였다고 하니, 이곳은 명실상부 유럽 최고의 쇼핑몰이었던 셈이다.

로마 시민들은 시민의 공익을 위한 시장을 만들어준 트라야누스 황제를 높이 평가했다. 6층짜리 대형 쇼핑몰이었던 이곳은 현재 하부 2개의 층만 남아있다. 2천 년 전에 이곳을 처음 찾아오는 이들이 얼마나 경이로워했을지는 상상에 맡겨야 한다는 아쉬움이 남는다.

✱ **트라야누스 포룸**

　트라야누스 시장 바로 앞 넓은 터가 트라야누스 황제의 포룸이다. 포로 로마노에 더 이상 황제의 포룸을 지을 만한 공간이 없자 율리우스 카이사르 때부터 포로 로마노 바깥으로 포룸을 짓기 시작했다. 현재는 무솔리니가 만든 도로 때문에 갈라져 있지만, 포로 로마노 북쪽으로 이어져서 만들어진 황제들의 포룸 중에서 트라야누스 포룸이 가장 크다. 넓이 118미터, 폭 89미터짜리 포룸이다. 트라야누스 포룸은 황제의 포룸 중에서 가장 마지막으로 만들어진 포룸이기도 하다. 이 포룸 안에 두 개의 도서관이 있었고, 신전이 있었다. 재판소였던 바실

❖ 트라야누스 포룸

리카도 있었다. 한 마디로 트라야누스 황제 때는 이곳이 로마 시민들의 문화 생활 중심지였다.

* 트라야누스 황제의 기독교 박해

트라야누스 황제는 로마 제국의 최고 전성기를 이룬 황제인 동시에 기독교를 박해한 10대 황제 중 세 번째 황제이기도 하다. 당시 한 순교자의 기록에 의하면 트리야누스 황제 통치기에 "기독교인이라는 단어는 곧 죽음"이었다고 한다. 트라야누스는 기독교인들을 로마의 전통을 위반하고 황제의 신격화를 반대하는 반정치 세력으로 규정하고, 이들을 법적으로 박해할 수 있도록 법조문을 만들었다.

트리야누스 황제는 기독교인들을 처형하는 대신, 숨이 끊어질 때까지 끔찍하게 고문하는 형벌을 주로 내렸다. 개중에는 산 채로 소금에 절이는 고문도 있었다. 안디옥 교회 2대 감독이었던 이그나티우스가 로마로 이송되어 콜로세움에서 맹수에 찢겨 순교당한 때노 트라야누스 황제 시기였다. 예수님의 사촌 형제로 알려진 시몬 또한 트라야누스 황제 때 십자가형으로 순교당했다.

시몬은 베스파시아누스와 도미티아누스 황제의 박해로부터는 살아남았지만, 트라야누스 황제의 그리스도교 박해 때 집정관 아티쿠스에게 체포되어 십자가형을 받고 순교하였다. 그의 나이 120세였다. 시몬의 순교에 대해 「로마순교록」은 이렇게 기록하고 있다.

시몬은 트라야누스 황제의 박해 때 많은 고문을 받고 120세의 나이로 용감하고 당당하게 십자가 형벌을 견디어 냈고 그 자리에 참석한 모든 이들과 재판관 자신까지 놀라워하는 가운데 순교하였다.

✣ 트라야누스 시장에서 베네치아 광장 통일 기념관이 보인다

19.
오순절 꽃잎으로 피어난 그리스도인의 피
- 판테온
Pantheon, 하드리아누스 황제

판테온이 있는 주변 지역을 '캄포 마르지오(Campo Marzio)'라고 부르는데, 마르지오는 전쟁의 신 '마르스'이다. 이 지역에는 원래 에트루리아인들이 살았었다. 7대로 막을 내린 로마 왕정 시대의 마지막 왕, 타르퀴니우스 수페르부스가 에트루리아인들을 쫓아내고 이곳을 처음 로마의 땅으로 만들었다.

허허벌판이었던 캄포 마르지오에 건축물이 들어서기 시작한 것은 기원전 2세기 공화정 말기부터이다. 주로 극장과 신전과 목욕장들이 세워졌고, 각 건축물의 이름으로는 제작자의 이름이 붙여졌다. 폼페이우스 극장(현재의 라르고 아르젠티나[Largo Argentina])이 그 예이다. 율리우스 카이사르가 바로 이 폼페이우스 극장에서 암살당했다.

제정 시대가 시작되는 아우구스투스 때, 카이사르가 죽은 폼페이우스 극장에서 멀지 않은 곳에 판테온 신전이 세워졌다. 아우구스투스 영묘와 평화의 제단(Ara Pacis)도 세워졌다. 도미티아누스 황제는 캄포 마르지오에 속하는 현재 나보나 광장에 반원형 스포츠 스타디움을 만들었다. 네로 황제 때는 나보나 광장 바로 옆에 목욕장이 만들어지기도 했다. 현재는 기둥만 남아있지만, 거대한 황금 궁전에서 기거했던 네로답게 목욕장도 대단히 화려하게 지었다고 전해진다. 당시 한 시인이 네로의 목욕장을 이렇게 표현했을 정도다. "무엇이 네로보다 더 나쁠 수 있을까? 무엇이 네로 목욕장보다 더 화려할 수 있을까."

로마제국이 무너진 후 중세 시대로 넘어가면서, 이 지역에 많은 교회와 귀족들의 궁전들이 세워졌다. 대표적으로 캄포 마르지오에 속하는 나보나 광장의 콜론나(Colonna) 가문 궁전이 있다.

현재 캄포 마르지오를 찾는 관광객들이 가장 많이 방문하는 곳은 역시 판테온이다. 2천 년 전 건축물 중 판테온만큼 잘 보존되고 있는 건축물이 없기 때문이다. 아우구스투스의 사위였던 아그리파가 전쟁의 신 마르스에게 바치는 신전을 지은 것인데, 사각형의 목조 건축물이었다. 아그리파가 지었던 신전의 높이는 현재 판테온 입구에 있는 기둥 높이를 보면 가늠할 수 있다.

판테온 입구에 있는 원주는 아우구스투스 황제가 이집트에서 가져

❖ 이집트에서 가져온 통돌로 세운 기둥

온 통돌이다. 100톤이 넘는 통돌을 이집트에서 가져와 세웠다는 게 대단하지 않을 수 없다. 아그리파가 세웠던 나무로 지은 판테온은 화재로 파괴되었고, 하드리아누스 황제가 다시 새롭게 벽돌로 건축했다.

아그리파의 신전보다 높게 지었기 때문에, 판테온 입구에 있는 아우구스투스 때의 기둥 위를 보면 기둥과 천장 사이의 간격을 대리석 아치로 메꾸고 있는 것을 볼 수 있다.

하드리아누스는 원형의 신전으로 새롭게 건축했고, 신전 중앙에 어마어마한 크기의 돔을 만들었다(125년). 이 돔을 보기 위해서 세계적인 건축가들이 판테온을 찾는다. 철근도 없이 만들어진 돔이 어떻게 2천 년을 버텼는지 직접 두 눈으로 보고 싶어 하는 것이다. 게다가 돔은 돌이 아니라 콘크리트로 만들어졌다. 화산재를 이용한 시멘트인데 시간이 갈수록 더 단단해지는 특성을 띤다. 화산재 콘크리트가 내구성의 비밀이라면 돔의 엄청난 무게는 어떻게 버텼을까.

✤ 판테온의 돔

무게를 지탱하는 비밀은 아치 구조이다. 콜로세움이 아치 공법으로 지어졌듯이, 판테온의 돔도 아치 구조가 180도 돌아가며 연결된 것이다. 그렇다면 또 한 가지 풀어야 할 문제가 생긴다. 아치 구조의 핵심은 아치 중앙에 놓는 쐐기돌(Key Stone)인데, 판테온의 돔은 중앙이 열려있다. 즉, 무게를 분산시키는 쐐기돌이 없다는 것이다. '하늘의 눈'이란 뜻의 '오쿨루스'라고 불리는 이 구멍의 길이만도 9미터이다. 로마 건축은 현대 건축가들을 더 깜짝 놀라게 하는데, 아치 구조로 만든 돔을 평면화시켰을 때 세로의 아치 구조와 같이 가로의 아치 구조로 만들어졌다는 것이다. 이 구조로 무게를 분산시켰을 뿐 아니라, 돔에 구멍을 내면서도 오히려 더 힘을 분산시킬 수 있었다는 것이다.

또한 무게를 분산시키기 위해 돔의 아랫부분과 윗부분의 콘크리트 두께에 차이를 두었다. 돔이 시작되는 아랫부분의 두께는 6미터이고, 윗부분은 2미터로 얇아진다. 무게를 분산시키기 위한 방책은 이것으로 끝나지 않는다. 돔 안쪽에 조각된 사각형 문양의 홈 또한 치밀하게 계산된 것으로, 다섯 층으로 구성된 총 28개의 홈 덕분에 전체 중량을 대폭 감소시킬 수 있었다. 돔의 무게를 실제적으로 받치고 있는 것은 1층 벽에 있는 대형 기둥들이다. 그 대형 기둥들도 아치 구조로 연결되어 있다.

판테온에서 돔의 구멍은 동물 희생 제사를 지낼 때 연기가 빠져나가도록 하는 역할을 했고, 신전에 햇볕이 들어오게 하는 역할도 했다. 안에서 제사를 지내면 더운 상승기류가 발생해서 웬만한 비는 들

✜ 물이 빠지도록 만든 바닥의 구멍

어오지 않았다. 그러나 홍수가 날 정도로 비가 오면 판테온의 오쿨루스로도 비가 들어왔다. 이를 대비해 빗물이 바로 빠져나갈 수 있도록 판테온 바닥에 22개의 구멍을 뚫어두었다.

일반 신전의 경우 사제들만 들어가서 제사를 지냈지만 판테온은 하드리아누스 황제가 로마 시민 모두가 들어올 수 있도록 개방했기 때문에, 다른 신전과 비교해 보면 판테온의 내부가 독보적으로 넓다. 미켈란젤로로부터 "천사가 지었다!"라는 감탄을 자아낸 판테온은 그가 성 베드로 교회 돔을 짓는 데 영감을 주기도 했다.

라파엘로는 죽어서 판테온에 묻히기를 소망했다. 그는 자신의 무덤이 되기를 바라는 정확한 지점을 알려주었는데, 여름에 햇빛이 가장 많이 들어오는 자리였다. 라파엘로는 생전에도 스포트라이트를 받는 것을 좋아했기 때문에 죽어서도 빛을 가장 많이 받는 자리에 있고 싶어 했던 것이다. 라파엘로는 37세 생일날 죽었고, 그가 원했던 판테온 자리에 안치되었다. 원래는 나무관에 안치되어 있었는데, 로마 홍수 피해로 관이 파손된 후 대리석 관으로 옮겨졌다.

✤ 라파엘로의 무덤

판테온에 들어오는 햇빛을 최대한 이용한 이는 판테온을 지은 하드리아누스 황제였다. 로마 건국일 4월 21일 축제 행사에 하드리아누스는 판테온에서 가장 햇빛이 잘 들어오는 자리에 앉았다. 판테온의 구조로 인해 햇빛은 마치 현대 무대 연출의 스포트라이트처럼 황제만을 비추었고, 이는 신전에 있는 사람들의 눈에 황제가 마치 빛을 뿜어내는 신처럼 보이게 했다.

기독교 공인 후 7세기에 들어오면서 많은 이방 신전들이 파괴되었다. 판테온이 파괴되지 않을 수 있었던 것은 이곳의 용도가 교회로 바뀌었기 때문이다. 이름도 '모든 신들'이란 의미의 판테온에서 '순교자들의 성모 마리아 교회'로 바뀌었다. 카타콤베에 있었던 많은 기독교인 순교자들 유해를 판테온으로 가져왔기에 '순교자들'이란 이름이 붙여진 것이다. 르네상스 시대에는 판테온을 무덤으로도 사용했기에, 이곳에는 이탈리아를 통일한 왕족의 무덤도 있다. 무덤은 판테온 내부 벽을 따라 그리스 로마 신상들이 세워졌던 자리에 있다. 라파엘로는 교황과의 특별한 친분이 있어 판테온에 묻힐 수 있었다.

다시 천 년이 지난 후, 바르베니니 가문의 교황 우르바노 8세가 판테온 입구와 내부 벽에 있었던 청동을 뜯어 성 베드로 교회 중앙 제단을 장식하는 발다키노를 만드는 데 사용했다. 그러고도 청동이 남아서 교황 요새로 사용했던 천사의 성을 방어하는 대포를 만들었다. 로마인들은 이를 두고 "야만인도 하지 않았던 짓"이라며 비난했다.

교회가 된 판테온에서는 매년 오순절 성령강림절에 장미 꽃잎을 날리는 행사를 한다. 장미는 성령과 사람들의 죄를 대신하여 십자가에서 돌아가신 그리스도의 피를 상징한다. 오쿨루스에서 수천 개의 장미 꽃잎이 떨어진다. 아름다운 꽃잎이 영화의 한 장면처럼 쏟아지는 것을 보기 위해 일부러 오순절에 로마를 방문하는 순례자들도 있을 것 같다. 이 꽃잎은 사람이 직접 떨어뜨린다. 로마시 소방관들이 43미터 높이 판테온 지붕에 올라가 9미터 돔 주위에 둘러앉아 꽃잎을 뿌리는데, 일반적으로 12명의 소방관들이 진행한다고 한다. 한 소방관이 뿌리는 꽃잎이 24킬로그램이나 된다.

지금의 판테온을 건축한 하드리아누스는 로마의 태평성대를 이룬 5현제 중 한 명이지만, 기독교인을 박해한 10대 황제 중 한 황제이기도 하다. 하드리아누스는 예루살렘을 속주 이상으로, 로마의 대도시로 바꾸려고 했다. 예루살렘 성전터에 제우스 신전을 세우고, 회당은 로마 사원으로 바꾸었다. 율법(토라)을 읽는 것도, 가르치는 것도 금지했다. 할례도 금지했다. 예루살렘의 이름은 '아엘리아 카피톨리나'로 바꾸었다. 심지어 예루살렘을 바라보는 것조차 금지했다. 그저 예루살렘 쪽을 바라본 것만으로도 많은 저명한 유대인 랍비들이 처형당했다.

결국 하드리아누스에게 반발한 유대인들이 반란을 일으켰다. 하드리아누스는 뛰어난 로마 장군들을 유대 지역으로 파견해서 반란군들을 진압했다. 유대 마을들을 초토화시켜 전초기지를 없앴다. 반란군의 일부는 지하로 숨었는데 그곳에서 굶어 죽은 이들이 많았다. 지상에서 붙들린 유대인들은 불태워졌다. 당시 반란으로 유대 지역의 인구가 감소했다.

하나님이 선택한 백성을 박해하는 이들의 말년은 불행하다. 하드리아누스는 말년에 우울증에 시달리며 몇 차례 자살 시도까지 했다. 하드리아누스가 만든 판테온에는 그가 박해했던 그리스도인들의 피 같은 장미 꽃잎이 오순절마다 뿌려진다. 그리스도인들이 흘린 피는 그리스도가 십자가에서 흘리신 피를 따라가는 피다. 죽음의 피가 아니라 부활의 피다.

✤ 오순절 장미 꽃잎 행사

(출처: 로마 판테온 페이스북)

20.

천사의 기적이 머문 곳
- 천사의 성
Castel Sant'Angelo, 하드리아누스 황제

* 하드리아누스 황제의 건축물들

로마 제국의 영토가 최고로 확장되었던 시대가 트라야누스 황제 때였다. 그 뒤를 이었던 하드리아누스 황제(76-138년)는 그 넓은 식민지를 관리해야 할 막중한 책임이 있었다. 하드리아누스 황제는 식민지를 돌아다니며 직접 관리했고 곳곳에 건축물들을 세웠다. 예를 들면 영국에 113킬로미터의 하드리아누스 성벽을 쌓았고, 아테네에는 제우스 신전을 세웠다.

하드리아누스는 로마 포로 로마노에도 신전을 세웠는데, 콜로세움과 마주 보이는 위치에 있는 비너스 로마 신전이다. 포로 로마노에서 가장 큰 신전이다. '사랑의 여신 비너스'와 로마에서 만든 '영원한 로마 여신, 에테르나'를 위해 지어진 신전인데, 비너스의 아들인 사랑의 신 Amor의 이름을 거꾸로 쓰면 Roma가 된다. 콜로세움 2층에서 아래층으로 내려오는 계단 지점에서 포로 로마노 쪽을 바라볼 때 포로 로마노 입구에 있는 비너스와 로마 신전이 가장 잘 보인다.

✥ 비너스와 로마 신전

많은 로마 황제들은 포로 로마노가 있는 팔라티노 언덕 위에 궁전을 지어서 살았는데, 하드리아누스는 로마의 도시적인 복잡함을 좋아하지 않았다. 그래서 로마 근교 티볼리에 별장을 지었다. 이것이 빌라 아드리아나(Villa Adriana)이다. 하드리아누스가 많은 나라를 여행하며 얻은 영감으로 지은 별장이라서 이국적이고 아름답다.

✽ 하드리아누스 황제의 영묘

하드리아누스는 아우구스투스 황제가 테베레강 옆에 영묘를 세운 것을 모방해서 자신도 테베레강 옆에 영묘를 세웠다(135년). 현재 하드리아누스 황제의 영묘에는 하드리아누스 황제를 비롯해 안토니우스 피우스, 마르크스 아우렐리우스, 콤모두스, 셉티무스 세베루스, 카라칼라 황제가 묻혀있다.

✽ 요새화된 천사의 성

✤ 천사의 성 위층으로 올라가는 계단

✤ 적이 성 내부로 들어오면 위쪽에서 공격해서 방어했다

천사의 성 입구로 들어가 올라가는 계단의 시작점에서 천장을 올려다보면 굴뚝처럼 높이 솟아 위가 뚫린 형태라는 것을 발견할 수 있다. 천사의 성이 요새화되기 시작할 때, 적이 성안으로 침입할 경우 이 전망대 위쪽에서 돌 같은 것들을 떨어뜨려 방어할 수 있도록 설계한 것이다.

✽ 항아리의 홀(la sala delle urne)

계단을 따라 올라가 처음 꺾이는 부분에 두 개의 항아리가 전시되어 있다. 이곳은 영묘의 하부에 해당하는 곳으로 납골 단지가 보관되었던 방이었다. 후에 음식 창고로도 사용되어서, 올리브유나 포도주를 담았던 항아리가 전시되어 있는 것이다. 주로 북아프리카 이집트 쪽에서 올리브 기름을 항아리에 담아 로마로

✤ 올리브유와 포도주를 담았던 항아리

실어왔다. 항아리의 밑부분이 뾰족한 이유는 배 위에서 항아리가 쓰러지지 않도록 모래판을 만들어 뾰족한 밑부분을 박아두었기 때문이다. 운반하지 않을 때는 땅에 박아 보관했다. 이 항아리가 있는 곳까지 적

이 올라올 경우, 이곳에 있었던 로마식 문설주 뒤에서 사격하며 방어했다고 한다.

* 영묘의 변천사

❖ 하드리아누스가 만든 영묘 모형

다시 위층으로 올라가면 전시실이 있는데, 이곳에서 하드리아누스가 지었던 처음의 영묘에서 지금의 천사의 성이 되기까지의 건축 변화를 확인할 수 있다. 하드리아누스가 처음 영묘를 지었을 때는 영묘를 두르고 있는 벽이 없었다. 아우구스투스 영묘를 모델로 했기 때문이다.

84미터의 둥근 대리석층 위에 20미터의 원통형 기둥을 세웠고, 기둥 위에 봉분을 만들었다. 봉분 안에 황제들의 유골 단지를 놓았다. 봉분 기둥 주위에는 사이프러스 나무를 심었을 것이라고 한다. 로마인은 전통적으로 무덤 옆에 사이프러스 나무를 심기 때문이다. 로마의 카타콤베 주변에 사이프러스 나무가 많은 이유이다.

✻ 파올로 3세 교황의 별장

천사의 성은 교황의 별장이기도 했다. 베드로 교회의 전망이 잘 보이는 곳에 만들어진 개인 아파트다.

❖ 천사의 성 전망대에서 보이는 베드로 교회

프레스코 벽화로 꾸며진 넓은 거실 같은 공간은 교황의 도서관이었다. 도서관 양옆으로 방이 있는데 왼쪽 방은 '보물실(Sala del Tesoro)'로 귀중한 문서와 귀중품을 보관하던 곳이다. 금 같은 귀중품들을 모아둔 큰 상자가 있었고 6개 이상의 자물쇠를 열도록 만들어졌다.

19세기에는 이 방이 감옥으로 사용되었다. 범죄를 저지른 상류층을 수용하는 특별한 감옥이었다. 하층민의 감옥은 천사의 성 지하에 있었다. 몸을 제대로 펼 수 없고, 빛도 없으며 공기조차 통하지 않는 공간이어서, 지하 감옥에서 많은 이들이 목숨을 잃었다.

* **천사의 성 테라스**

테라스로 올라가면 로마의 풍경이 한눈에 들어온다. 성의 상징인 미카엘 천사 동상이 그의 칼로 로마를 지켜주듯이 이 테라스 위에 서 있다.

✥ 미카엘 천사

* **산탄젤로 다리**

이 테라스에서 내려다보면 테베레강의 여러 다리들이 한눈에 들어오는데, 그중 천사의 성 입구 쪽 산탄젤로 다리가 가장 잘 내려다보인다. 다리에 장식되어 있는 '천사 조각상'들은 베르니니의 작품이다. 베르니니의 천사들은 각각 예수님의 수난 도구들을 하나씩 들고 있다. 채찍, 못, 면류관, 십자가, 창 등이다.

* **대천사 미카엘의 기적**

590년, 이집트에서 시작된 전염병이 로마까지 퍼졌다. 많은 희생자가 발생하자 당시 교황 그레고리오가 전염병의 저주를 물리치기 위해 회개의 행렬을 했다. 행렬하는 중에도 80여 명이 사망했다. 술렁거리는 이들을 향해 교황은 회개의 행렬을 계속할 것을 촉구했다. 그들이 천사의 성 입구의 다리에 이르렀을 때, 마침내 기적이 일어났다. 수많은 천사들이 찬양을 부르며 하늘에서 내려와 신자들 곁을 지나갔고, 천사의 성 꼭대기에는 대천사 미카엘의 모습이 보였다. 미카엘은 칼의 피를 깨끗이 씻은 후 칼집에 넣고 있었다. 전염병이 멈췄다.

그 후 천사의 성 꼭대기에 나무나 대리석으로 만든 천사의 동상을 세웠으나 모두 파괴되었다. 청동상도 만들었는데 대포를 만들기 위해 다시 녹였다. 1497년에 이르러 청동 날개가 달린 대리석 천사가 만들어졌다. 현재의 동상으로 다시 교체된 것은 18세기다.

＊ '내 영혼 황량한 곳으로'

로마제국 황제들은 속주국에 관대한 편이었다. 그러나 하드리아누스는 그리스도인을 잔인하게 박해했다. 그가 로마의 다신교를 숭배했고, 황제로서 자신을 신격화하는 데 주력했기 때문이다. 하드리아누스는 신이 되고 싶었지만, 자신이 생명의 한계를 가진 인간인 것을 알았기에 영묘를 지었다. 그런데 하드리아누스는 자신이 죽어 천국으로 갈 수 없다는 것도 알았다. 그래서 자신의 영묘에 이런 기록을 남겼다.

길을 잃은 작고 온화한 영혼이요, 육체의 동반자이며 손님이여, 당신은 이제 더 이상 평소의 즐거움을 누릴 수 없는 무색하고 힘들고 황량한 곳으로 내려갈 준비를 하고 있습니다.

21.

10203, 멍에의 역사 위에 세워진 거룩한 안식처
- 순교자와 천사의 산타 마리아 교회
Basilica S. Maria degli Angeli e dei Martiri

로마 45대 황제 디오클레티아누스는 로마 속주였던 크로아티아에서 태어났고 원래 노예 출신이었다. 로마 군인이 되고, 다시 황제의 친위대장이 되는 신분 상승을 거듭하다, 군인들의 지지를 받아 로마 황제 자리까지 오르게 된다. 천민 출신 황제라는 콤플렉스 때문에 자신의 권력을 보여주는 건설 사업을 많이 했다.

디오클레티아누스는 거대해진 로마를 혼자서 통치하는 걸 빅차했다. 그래서 로마의 동방과 서방을 4명의 황제 및 부황제가 통치하는 '사두정치' 체제를 만들었다. 당시 '사두' 중 한 사람이 다음 황제가 되는 '콘스탄티누스'의 아버지 '콘스탄티우스'였다. 디오클레티아누스는 황제 자리에서 스스로 내려와 고향 크로아티아로 돌아가 궁전을 지었고, 그곳에서 생을 마감했다.

디오클레티아누스는 로마 전통 종교를 숭배했고, 로마 제국이 이방 종교, 특히 기독교 종교에 의해 분열되지 못하도록 303년에 '기독교 탄압 칙령'을 내렸다. 그리스도인들의 집회 장소였던 카타콤베에 가장 많은 그리스도인들이 숨었던 시기가 디오클레티아누스 황제 때였다. 황제는 심지어 지하 예배 장소에까지 군인들을 내려보내 수색하게 하고, 찾아낸 교인들을 체포해서 처형했다. 그리스도인들이 읽는 책들을 불태웠고, 그리스도인들과 교회의 소유물을 국가의 소유로 만들었다.

그는 그리스도인들에게 로마의 신전에 절하도록 강요했고, 거부하는 이들을 처형했다. 영화 <쿼바디스>의 결말에 이르면 그리스도인들이 사자에게 뜯겨 죽임을 당하는 장면이 있는데, 디오클레티아누스 황제 때에는 헤아릴 수 없을 정도로 많은 그리스도인들이 맹수에게 뜯겨 순교당했다. 오죽하면 배가 고프지 않아 맹수들이 사람을 공격하지 않을 정도였다고 한다.

황제의 궁전에 두 차례 화재가 발생했을 때, 황실 측은 그리스도인들을 범인으로 몰아 처형했다. 디오클레티아누스 칙령은 그의 박해 시기였던 6년 동안 네 차례 이어졌고, 그리스도를 믿는 자는 모두 사형시키는 데에 이르렀다. 너무나 살벌하고 잔인한 박해 시기여서 많은 그리스도인들이 배교하기도 했다. 끝까지 믿음을 지킨 그리스도인들은 순교당했다.

디오클레티아누스는 로마에 3천 명을 수용할 수 있는 거대한 욕장을 지을 때 기독교인 만 명을 강제 노동시키기도 했다. 욕장이 완공되어 더 이상 기독교인 노예들의 노동력이 필요하지 않게 되자, 황제는 욕장을 건설했던 기독교인 10,203명을 모두 죽였다. 이들 모두가 바울의 참수터에 있는 '천국의 계단 교회' 자리에서 순교했다.

순교당한 만 명의 기독교인들이 완공했던 디오클레티아누스 황제의 욕장 일부는 미켈란젤로에 의해서 교회 건물이 되었는데, 공화국 광장(Piazza della Repubblica)에 있는 '순교자와 천사의 산타 마리아 교회'이다. 교회 이름이 가리키는 '순교자'가 바로 디오클레티아누스 치하

✤ 순교자와 천사의 산타 마리아 교회 입구

에서 강제 노동을 한 후 순교당한 만 명의 그리스도인들이다. 교회 입구 청동문에 가슴이 십자가 모양으로 파인 예수님이 새겨져 있고, 순교자들을 상징하는 부조들이 있다. 고통스러운 표정과 얼굴이 모두 천으로 싸인 모습의 부조들이다.

교회 입구와 앞에 있는 공화국 광장이 디오클레티아누스 목욕장의 '열탕'이 있던 곳이었다. 그리스식 욕장은 물을 데워서 열탕을 만드는 반면 로마식 욕장은 한국의 아궁이처럼 열기로 바닥과 벽을 데워 열탕을 만든다. 열탕 옆으로는 체육관과 도서관이 있었다. 미켈란젤로에

✤ 교회 옥상에서 내려다본 공화국 광장. 욕장의 열탕이 있었던 곳이다.

의해 목욕장에서 교회가 되면서 현재 교회 입구 문을 만들었지만 디오클레티아누스 황제 때 욕장 입구는 반대편, 교회 뒤쪽(북쪽)에 있었다. 그러니까 공화국 광장 쪽 열탕이 있던 곳이 햇볕이 잘 드는 남쪽인 것이다.

✣ 미온수탕과 냉탕이 있었던 교회 내부

현재 교회 내부는 80세가 넘었던 미켈란젤로에 의해 그리스 십자가 형태로 만들어졌다.

이 교회 소예배당마다 있는 성화들도 의미 있게 감상할 수 있지만 나는 교회가 지어지기 전, 그리스도인들이 강제 노동 속에서 고통스럽게 욕장을 지었던 모습을 더 상상해 보게 된다. 그리고 만 명의 그리스도인들의 순교를 묵상해 본다. 순교자로서의 이름도 남겨지지 못했던 수많은 순교자들을 생각한다. 이름을 남기는 순교자가 되는 것이 하나님에겐 의미가 없을 것이다. 하나님의 손바닥에 이름이 새겨지고, 하나님의 손바닥에 새겨진 이름은 생명책에 쓰여질 이름이라는 것이 중요하다.

> 우리가 여기는 영구한 도성이 없고 오직 장차 올 것을 찾나니
>
> 히브리서 3:14

5장

초대 교회

22.

그들은 내 목숨을 위하여 자기 목까지도 내놓았나니
- 브리스가 교회
Chiesa di S. Prisca

로마 황제들이 살았던 팔라티노 언덕은 로마의 일곱 언덕 중에서도 가운데에 있고, 그 뒤로는 과거 전차 경기장이었던 치르코 마시모(Circo Massimo)가 남아있다. 팔라티노 언덕과 치르코 마시모를 사이에 둔 언덕이 아벤티노(Aventino) 언덕인데, 이 언덕에 로마 최초 가정 교회 중 한 곳인 브리스가 교회가 있다. 성경에서 사도 바울의 동역자였던 브리스길라(또는 브리스가)의 저택이었다.

성경에 브리스길라는 항상 남편 아굴라의 이름과 함께 기록되어 있다. 사도행전과 로마서를 포함한 사도 바울의 서신서 여섯 곳(사도행전 18:2/18:18/18:26, 로마서 16:3, 고린도전서 16:19, 디모데후서 4:19)에 기록된 브리스길라와 아굴라는 사도 바울에게 큰 위로와 힘이 되어준 동역자였다.

그 후에 바울이 아덴을 떠나 고린도에 이르러 아굴라라 하는 본도에서 난 유대인 한 사람을 만나니 글라우디오가 모든 유대인을 명하여 로마에서 떠나라 한 고로 그가 그 아내 브리스길라와 함께 이달리야로부터 새로 온지라 바울이 그들에게 가매 생업이 같으므로 함께 살며 일을 하니 그 생업은 천막을 만드는 것이더라

사도행전 18:1-4

사도 바울은 2차 전도 여행 중에 고린도에서 아굴라를 만났다. 아굴라는 본도, 지금의 터키 폰투스(Pontus)에서 태어난 유대인이었다. 로마가 본도를 점령하고 포로들을 로마로 데려와 노예로 만들었는데 아굴라도 이 시기 아퀼라스라는 로마 장군의 노예가 되었다. 그의 이름인 아굴라는 주인의 이름을 따른 것으로 독수리라는 뜻이다. 아퀼라스 장군은 죽으면서 노예였던 아굴라를 해방시켜 주었다.

아굴라는 예수 그리스도를 믿게 되었고 가정 교회 형식의 교회 공동체에서 귀족의 딸 브리스길라를 만난다. 브리스길라는 아굴라와 신분을 뛰어넘는 결혼을 하게 된다. 노예 출신 유대인과 결혼한 로마 귀족 브리스길라는 집에서 쫓겨난다. 아굴라는 천막 만드는 일을 했고 브리스길라는 그 일을 도왔다.

당시 로마 황제는 클라우디우스였는데 로마 유대인들이 사회적 폭동을 일으킨다는 것을 알게 된다. 전통 보수 유대인들이 그리스도인이

된 유대인들을 괴롭히고 핍박하면서 서로 갈등이 폭발했던 것이다. 클라우디우스는 모든 유대인들을 로마에서 쫓아내는 유대인 추방령을 내린다. 유대인들 중에 부자들이 많아서 그들 재산을 국가의 것으로 만들 명분도 필요했던 것 같다.

유대인이었던 아굴라는 로마를 떠나야 했다. 브리스길라는 로마 시민권을 포기하고 남편과 함께 고린도(지금의 그리스)로 간다. 고린도는 아프로디테를 숭배하는 곳이었다. 우상 숭배의 도시에서 브리스길라와 아굴라가 바울을 만나게 된 것이다(51년). 브리스길라 부부는 바울로부터 복음의 깊은 의미를 배우게 되었고, 바울의 열렬한 동역자가 된다.

> 너희는 그리스도 예수 안에서 나의 동역자인 브리스가와 아굴라에게 문안하라
>
> 로마서 16:3

고린도의 브리스길라 집은 예배 처소가 되었고 실라와 디모데도 찾아온다.

> 실라와 디모데가 마게도냐로부터 내려오매 바울이 하나님의 말씀에 붙잡혀 유대인에게 예수는 그리스도라 밝히 증언하니
>
> 사도행전 18:5

바울은 고린도에서 1년 6개월을 머물렀다.

> 일 년 육 개월을 그들 가운데서 하나님의 말씀을 가르치니라
>
> 사도행전 18:11

바울은 고린도를 떠나 에베소로 갔고 브리스길라와 아굴라도 따라갔다.

> 바울은 더 여러 날 머물다가 형제들과 작별하고 배 타고 수리야로 떠나갈새 브리스길라와 아굴라도 함께 하더라 바울이 일찍이 서원이 있었으므로 겐그레아에서 머리를 깎았더라 에베소에 와서 그들을 거기 머물게 하고 자기는 회당에 들어가서 유대인과 변론하니
>
> 사도행전 18:18-19

브리스길라와 아굴라는 진정한 '주의 길'을 깨달았고, 성경에 능통한 학자를 가르칠 정도였다.

> 알렉산드리아에서 난 아볼로라 하는 유대인이 에베소에 이르니 이 사람은 언변이 좋고 성경에 능통한 자라 그가 일찍이 주의 도를 배워 열심으로 예수에 관한 것을 말하며 가르치나 요한의 세례만 알 따름이라

> 그가 회당에서 담대히 말하기 시작하거늘 브리스길라와 아굴라가 듣고 데려다가 하나님의 도를 더 정확하게 풀어 이르더라
>
> 사도행전 18:24-26

황제가 바뀌면 전 황제의 모든 칙령은 무효가 된다. 황제 클라우디우스가 그의 아내이자 네로의 친모 아그리피나에게 암살당하면서 유대인 추방령 역시 취소되었다. 브리스길라와 아굴라는 로마로 돌아온다. 로마로 돌아온 브리스길라와 아굴라가 살았던 집이 아벤티노 언덕에 있는 지금의 브리스가 교회(Chiesa di S. Prisca)이다. 서기 57년경이다.

브리스길라 집터 위에 교회를 세운 건 4세기와 5세기 사이 교황 호노리우스(Onorio) 때다. 8세기에 재건축되었지만 외세의 침략과 화재 등으로 많이 파손되었다. 그러다가 1600년 희년을 맞기 전 교황 클레멘트(Clement) 8세에 의해 바로크 양식으로 변모된다. 1600년 희년에 로마를 찾아올 많은 순례자들을 위해 대대적인 재건축을 한 것이다. 현 베드로 교회 완공 전이었고, 1600년 희년에 로마에 온 순례자들은 로마의 주요 교회들을 순례할 때 이 브리스가 교회도 반드시 순례했었다.

브리스길라 교회 중앙 제단 뒤에는 베드로에게 세례받고 있는 브리스길라 그림이 있다. 브리스길라는 베드로에게 세례를 받은 것으로 알

브리스가 교회 정면

✤ 중세 때의 브리스가 교회
(출처: roma sparita)

려졌고 베드로가 물세례를 주었던 폰트(Font)가 교회 지하에 있다.

브리스길라와 아굴라는 결국 로마 그리스도인 핍박 시기에 바울처럼 참수로 순교했다. 브리스길라가 참수당했던 장소도 이 브리스가 교회였다고 한다. 교회 중앙 제단을 사이에 두고 양쪽 벽에 브리스길라가 순교당하는 벽화가 그려져 있다.

바울의 브리스길라와 아굴라에 대한 기록 중에 가장 감동적인 구절은 로마서 16장 4절 말씀이다.

> 그들은 내 목숨을 위하여 자기들의 목까지도 내놓았나니 나뿐 아니라 이방인의 모든 교회도 그들에게 감사하느니라

23.

로마 최초 가정 교회
- 푸덴치아나 교회
Basilica di Santa Pudenziana

> 너는 겨울 전에 어서 오라 으불로와 부데와 리노와 글라우디아와 모든 형제가 다 네게 문안하느니라
>
> 디모데후서 4:21

* **로마 원로원의 집이 가정 교회가 되다**

디모데후서 4장 21절에 나오는 '부데'라는 자는 로마의 원로원이었다. 부데는 로마의 중심 지역인 몬티 구역에 살았다. 몬티에는 많은 서민들이 살았고 당시 이런 빈민층 구역은 수부라(Subura)라고 불렸다. 부데는 귀족 원로원이었지만 기독교 신자가 되어 자신의 집을 예배 장소로 사용할 수 있게 했다.

당시는 네로 황제가 기독교인들을 핍박하던 시기였다. 많은 기독교인들이 지하 묘지 카타콤베로 숨어 들어가 예배를 드렸다. 카타콤베의 열악한 환경에서 생존하려면 누군가 지상에서 식량을 공급해 줘야 했는데, 그 역할을 한 이들 중 한 명이 부데였다. 바울이 참수당했을 때 그의 시신을 수습해서 운반했던 이들 중 한 명도 부데였다. 로마 교회 장로 클레멘테 문서에 다음과 같이 기록되어 있다.

> 군인들은 바울의 시신을 구덩이나 강에 던질 참이었으나 부데가 청하자 시신을 내주었다. … 부데는 많은 신자들과 함께 시신을 거두어 묻었다.

바울의 시신이 옮겨져 묻힌 곳에 후에 바울 교회가 세워진다. 부데에게는 두 명의 딸과 두 명의 아들이 있었다. 두 딸의 이름이 푸덴치아나(Pudenziana)와 프라세데(Prassede)였다. 이 두 딸이 바울과 베드로에 의해 신자가 되었고 세례를 받았다. 바울과 베드로는 부데의 집에서 머물면서 부데의 보살핌을 받기도 했고, 그곳에서 예배도 드렸다.

부데의 가정 교회는 5세기에 그의 딸 푸덴치아나의 이름을 딴 교회로 건축되었다. 교회 지하에 베드로와 부데의 두 딸이 그려진 프레스코화가 있다. 부데가 자신의 집을 온천으로도 이용할 수 있게끔 만들어서, 교회 곳곳에 온천의 흔적을 엿볼 수 있다.

✣ 로마 최초 가정 교회 푸덴치아나

✳ 1,700년을 생존한 모자이크

푸덴치아나 교회 안에는 초기 기독교 예술을 알 수 있는 귀한 모자이크가 있다. 교회 내부 제단 위에 그려진 모자이크는 410년에서 417년 사이에 만들어진 것이다. 410년은 로마가 고트족의 침략을 받았던 해였다. 476년, 서로마제국은 끝내 무너졌다. 이 모자이크는 로마제국이 무너지고 로마 황제 시대가 끝이 나는 시기에 만들어졌다. 성 어거스틴은 이 시기에 관해 '로마 도시가 끝이 나면서 하나님의 도시로 교체되었다'라고 표현했다.

✻ 황제의 도시에서 하나님의 도시로

하나님의 도시란 무엇인가? 로마 도시는 로마 시민권자에게만 특별한 권리를 부여했다. 하나님의 도시에서, 권리는 하나님의 형상으로 만들어진 모든 사람들이 가질 수 있게 된다. 하나님의 도시 관점으로 만들어진 것이 이 모자이크이다. 2000년 희년에 복원 작업을 해서 모자이크의 아름다움을 더 분명히 볼 수 있다.

✥ 황제의 도시 로마가 하나님의 도시가 된다는 것을 말해주는 모자이크

모자이크 중앙에 예수님이 앉아계신다. 예수님의 금빛 옷이 교회 돔에서 들어오는 햇빛에 의해 더 화려하게 빛을 반사한다. 로마 황제의 옷을 입고 계신 예수님 양옆에는 로마 원로원의 옷을 입은 사도들이 앉아있다. 배경은 예루살렘이 아니고 로마이다. 판테온도 보인다.

예수님 위에 예수님보다 더 큰 십자가가 있다. 십자가는 골고다 언덕 위에 있는데, 콘스탄티누스 황제가 세웠다는 십자가이다. 이 모자이크를 통해서 유일하게 콘스탄티누스 때의 골고다 십자가를 볼 수 있다고 한다.

모자이크 속 예수님은 금빛 옷을 입고 계시고, 예루살렘도 금빛 지붕이다. 계시록에서 나오는 하늘의 예루살렘이다. 천국 예루살렘의 모습을 통해 '그리스도인들은 예수님을 통해서 영원한 생명을 가진다'라는 메세지를 주고 있다.

※ 순교자의 피를 담은 우물

부데가 살았던 몬티 구역에는 우물들이 많았다. 귀족이었던 부데의 경우, 집 안에 우물이 있었다. 그러나 부데가 자신의 집을 교회로서 개방한 이후, 그의 집 우물은 마시기 위한 우물로 쓰이지 않게 되었다. 당대는 기독교인 핍박으로 수많은 기독교인들이 순교하던 시기였기에, 부데의 집 우물은 순교자들의 피를 담는 곳이었다. 그 우물을 지금도 교회 안에서 볼 수 있다.

✤ 순교자의 피를 담았던 우물

24.

예수님이 묶이셨던 돌기둥
- 프라세데 교회
Basilica di Santa Prassede

✳ **로마 귀족의 가정 교회**

✣ 프라세데 교회 출구로 사용되는 옆문

로마 최초 가정 교회로 잘 알려진 곳이 푸덴치아나(Pudenziana) 교회와 프라세데(Prassede) 교회이다. 부데와 푸덴치아나가 먼저 순교한 후 프라세데만 남겨져서 부데의 빌라였던 이 집의 이름이 프라세데로 바뀌었다. 프라세데 교회에는 예수님이 십자가에 돌아가시기 전 묶이셨던 돌기둥이 보관되어 있어 더 뜻깊다.

프라세데 교회에 들어가려면 정문이 아닌 옆문을 이용해야 한다. 옆문을 출입구로 사용하게 된 배경을 살피자면 성모 마리아 교회를 먼저 짚어야 한다. 로마 북쪽 성문 포폴로 광장으로 들어온 순례자들이 직선으로 계속 걸었을 때 이르는 곳이 성모 마리아 교회이고, 따라서 순례자들은 보통 성모 마리아 교회를 먼저 방문한 후 바로 근처 프라세데 교회를 순례하게 되는데 이런 동선으로 걸으면 먼저 도착하는 곳이 프라세데 교회 옆문 방향이다. 그래서 프라세데 옆문으로 들어가면 중앙 제단을 바로 볼 수 있다.

* 예수님이 묶이셨던 기둥

중앙 제단을 바라보면 오른쪽에 작은 경당이 있다. 단체 순례자들은 작은 경당을 메우고 찬양을 하기도 한다. 이 경당에서 예배를 드리는 이유는 이곳에 예수님께서 십자가를 지시기 전에 묶였던 기둥이 있기 때문이다. 조반니 콜론나(Giovanni Colonna) 추기경이 십자군 전쟁에 참여했다가 1223년에 예수님이 묶이셨던 기둥을 로마로 가져왔다고 한다. 그리고 프라세데 교회에서 마지막 고난 주일에 기둥 기념식을 했었다.

돌기둥이 다소 작기 때문에 진짜 예수님이 묶이셨던 기둥은 아니었을 거라고 의심하는 이들이 있다. 하지만 예루살렘에서 죄인을 묶는

✣ 예수님이 묶이셨던 기둥이라 전해지는 벽옥 기둥

방식은 우리가 보통 상상하는 큰 기둥이 아니라 작은 기둥에 쇠고리를 박아 몸이나 손목을 묶는 것이었다고 한다. 이 기둥의 밑부분 일부는 깎여있는데, 1585년 교황 식스토 5세가 파도바(Padova) 순례자들에게 기둥 일부를 주었기 때문이다.

이 기둥을 모델로 그린 그림 두 점을 이 교회 안에서 볼 수 있다. 하나는 예수님 기둥이 있는 경당에 들어가기 전 오른쪽에 그려진 프레스코화인데 예수님께서 손목이 기둥에 묶이신 채 매질 당하시는 장면이다.

✤ 돌기둥이 있는 곳 옆에 그려진 프레스코화.
예수님의 손목이 묶인 기둥의 모양이 프라세데에 있는 기둥과 같은 모양이다.

또 다른 프레스코화는 교회 기둥 위 벽면에 그려져 있다. 예수님이 기둥에 묶여 채찍질당하시는 장면인데, 그림 속 기둥 모양이 프라세데 교회 경당에 있는 돌기둥과 같은 모양이다.

25.

로마의 대표 속사도 클레멘트
- 성 클레멘트 교회
Basilica di San Clemente

> 또 참으로 나와 멍에를 같이한 네게 구하노니 복음에 나와 함께 힘쓰던 저 여인들을 돕고 또한 글레멘드와 그 외에 나의 동역자들을 도우라 그 이름들이 생명책에 있느니라
>
> 빌립보서 4:3

바울이 빌립보서 4장 3절에서 말한 글레멘드는 로마에서 사도 바울과 사도 베드로로부터 직접 가르침을 받은 속사도 클레멘트이다. 속사도는 예수님의 사도들로부터 직접 가르침을 받은 후 교회 지도자가 된 이를 말한다.

사도 베드로와 사도 바울이 순교한 뒤 주후 100-130년 사이를 속사도 시대라고 부른다. 사도 시대에서 교부 시대로 넘어가는 시기로,

초대 교회에서는 교회사적으로 중요한 의미가 있다.

대표적 속사도는 서머나의 폴리캅, 안디옥의 이그나티우스, 로마의 클레멘트가 있다. 이 중에서도 클레멘트는 교회사에 있어서 아주 중요한 인물이다. 클레멘트는 사도 바울이 쓴 고린도전서와 고린도후서를 잇는 고린도 서신 1서, 2서, 3서를 쓴 것으로 유명하다.

클레멘트의 고린도 서신(96년)은 정경은 아니지만, 신약성경 다음으로 가장 오래된 기독교 문헌으로 지금까지 현존한다. 초대 교회 시기인 1세기에서 3세기 사이에는 클레멘트의 고린도 서신을 예배 시간에 낭독하기도 했다. 고린도 서신은 최초의 교부 문헌이라는 지점에서 중대한 교회사적 의미가 있는데, 일부 바울 서신과 흡사한 부분이 있다.

> 형제들이여, 역겨운 경쟁을 선동하는 데 선두에 서고 교만하고 풍기를 문란케 하는 그 자들을 따르기보다는 하나님께 순종하는 것이 옳고 거룩한 것입니다.
>
> 클레멘트 고린도 서신 제1서 중에서

> 형제들아 내가 우리 주 예수 그리스도 이름으로 너희에게 권하노니 모두가 같은 말을 하고 너희 가운데 분쟁이 없이 같은 마음과 같은 뜻으로 온전히 합하라
>
> 고린도전서 1:10

사도 바울에 의해 고린도 교회가 세워지기는 했어도, 고린도는 아폴로와 같은 다양한 신들의 신전들이 많았던 곳이다. 바울의 복음 전도로 성령의 역사가 있었음에도 교회가 분열되어 있었고 교회 지도자의 권위가 제대로 인정받지 못하고 있었다. 그래서 클레멘트의 고린도 서신의 핵심은 교회 지도자의 권위를 인정하고 순종해서 분열된 교회가 하나 되게 하라는 내용이다.

클레멘트는 로마에서 태어났다. 사도 베드로와 바울을 만나기 전에 바나바를 만나서 기독교 신앙을 배웠다고 한다. 그리고 사도 베드로와 바울로부터 직접 가르침을 받고 초기 기독교 공동체에서 중요한 역할을 맡게 되었다. 세례도 베드로한테 받았다.

로마 가톨릭에서는 베드로가 1대 교황이고, 클레멘트가 4대 교황이다. 중간에 2대 교황 리노, 3대 교황 클레토가 있다. 클레멘트는 그가 교황으로 재임하던 88년에서 99년 사이에 교회를 강화시키고 조직화시켰다. 그러다 로마 황제 트라야누스 기독교 박해 때 감옥에 투옥된다. 클레멘트는 감옥에서도 복음을 전했다. 그 후 로마에서 추방되어 케르소네소스로 유배를 가게 된다. 케르소네소스는 흑해 연안에 있는 고대 그리스 도시였고 오늘날은 우크라이나에 속한다.

클레멘트는 케르소네소스 채석장에서 노역을 하는 동안에도 함께 노역하던 죄수들에게, 나아가 케르소네소스 마을에까지 복음을 전했다. 그러자 채석장에서도 기적이 일어났다. 죄수들이 먹을 물이 부족해서 고통당할 때 클레멘트가 간절히 기도했더니 양 한 마리가 보였고, 양이 서있는 땅을 팠더니 물이 솟았다고 한다. 케르소네소스에서 기독교 개종이 빠르게 번졌다. 케르소네소스가 현재까지도 기독교 중심지 중 한 곳으로 여겨지는 것 역시 클레멘트가 처음으로 그곳에 기독교를 전파했던 일이 맺은 열매라고 할 수 있다.

클레멘트가 유배지에서도 기독교를 확산시키자, 클레멘트를 바다에 수장시키라는 명령이 내려진다. 클레멘트는 몸에 무거운 닻이 묶여 흑해에 던져졌다(99년). 전승에 의하면 매년 클레멘트가 순교당한 날 흑해에 썰물 현상이 일어난다고 한다.

✥ 몸에 닻이 묶인 채 바다에 던져지는 클레멘트

(출처: Annette Freeman blog)

9세기 슬라브족에게 기독교를 전파했던 선교사 키릴로스(Cyril)가 크림반도에서 활동하는 동안 클레멘트의 유해를 발굴했다고 한다. 클레멘트 유해는 로마로 옮겨졌고, 현재 로마 클레멘트 교회에 안치되어 있다.

❖ 성 클레멘트 교회 입구

클레멘트 교회는 콜로세움에서 성 요한 라테라노 교회 방향으로 약 500미터 거리에 있다. 클레멘트 교회로 들어가는 입구 지면이 낮다. 이보다 더 낮은 지면이 고대 시대 때의 지면 높이였다.

로마 지면이 높아진 데는 역사적, 자연적 요인들이 복합적으로 작용했다. 고대 로마 건축물들이 허물어지고 새로운 건축물들이 잔해들 위에 세워진 것도 원인 중 하나고, 홍수가 날 때마다 테베레강으로부터 밀려온 토사도 지면 상승에 기여했다. 그래서 고대 로마 유적들을 발굴하기 위해서는 깊이 파고 내려가야 한다.

클레멘트 입구 정면은 17세기에 지어진 것이고 교회는 12세기 중세 양식으로 건축되었다. 입구에 들어가면 먼저 보이는 정원은 6세기에 만들어졌는데 4세기에 이곳에 있었던 초대 교회와 같은 모양으로 복원한 것이다.

교회 내부로 들어가면 중앙 제단 뒤로 모자이크화 앱스가 있고 제단 앞으로 직사각형 모양의 소예배당 같은 공간이 있는데, 이곳이 한때 성가대를 양성하는 로마 최초 음악 학교(schola cantorum)였다. 6세기 교황 요한 2세에 의해 만들어졌다.

클레멘트 교회 중앙 제단과 앱스. 제단 앞에는 최초 성가대 음악 학교가 있다.

반원형 앱스 모자이크화의 중앙에 십자가 예수님이 그려져 있고 반원형 바깥 오른편에 베드로가 손으로 예수님을 가리키고 있다. 베드로 옆에 닻을 들고 있는 이가 클레멘트이다.

교회 내부의 기둥들은 모두 다른 모양인데 고대 시대의 기둥들을 가져다가 세웠기 때문이다. 19세기에 클레멘트 교회 지하를 발굴할 때 여러 층의 유적들이 발굴되었다. 그래서 클레멘트 교회는 고대 시대부터 축적된 교회의 변천사를 눈으로 확인할 수 있는 중요한 유산으로 여겨진다. 지하 2층까지 볼 수 있는데, 아래층으로 내려갈수록 기온이 떨어진다.

✣ 지하 2층에 그려진 프레스코화.
클레멘트의 순교 스토리가 그려져 있다.
(출처: Basilica di Clemente)

지하 1층은 4-5세기에 지어져 7세기까지 교회로 사용되었다. 이곳에 최초의 성가대 음악 학교 터가 있는데, 현재 지상층에 있는 것은 당대의 음악 학교를 재현하여 똑같은 모양으로 다시 지은 것이다.

지하 2층은 클레멘트가 살았던 집터이기도 했다. 클레멘트가 가정 교회를 통해 예배드리고 세례를 주었었다. 프레스코화를 볼 수 있는데, 클레멘트가 몸에 닻이 감긴 채 흑해에 던져지는 내용이다.

이곳에서는 고대 로마의 미트라 신전(2세기)도 볼 수 있다. 미트라교는 주로 로마 군인들이 믿었던 신비주의 종교로, 페르시아 신 미트라를 숭배했으며 황소를 제물로 바쳤다. 클레멘트 교회 지하에서 발굴된 미트라 신전이 로마의 미트라 신전 중 가장 잘 보존되어 있다.

교회 지하에 흥미로운 곳이 있는데 동전을 만들었던 터이다. 물 흐르는 소리를 들을 수 있는데 소리 나는 곳으로 가까이 다가가면 흐르는 지하수를 볼 수 있다. 이 지하수가 콜로세움까지 흐른다고 한다. 이 물은 주조된 동전을 식히는 데도 사용되었다. 이 지하에서 네로 시대 대화재 사건(64년)이 있었던 흔적도 볼 수 있다.

이탈리아 사람들은 고대 지하 유적지를 '라사냐'라고 표현한다. 겹겹이 층을 이루고 있기 때문이다. 그리고 각 층마다 다른 시대 다른 역사의 흔적을 볼 수 있다는 것이 매력인 것 같다. 그 역사의 흔적 곳곳에 스며들어 있는 그리스도인들의 흔적을 보는 것은 더 감동적인 것 같다.

26.

교회 음악의 수호 성녀 체칠리아
- 체칠리아 교회
Basilica di santa Cecilia in Trastevere

* 체칠리아의 상징
  : 악기와 천사

　성지를 순례하다 보면 많은 성화들을 보게 된다. 그중에는 성경에는 나오지 않는 인물이나 성녀들도 많다. 체칠리아는 그중에서도 단연 유명한 성녀 중 하나다. 성화에서 어떤 아름다운 여인이 악기를 들고 있거나 천사와 함께 있으면 체칠리아라고 이해하면 된다. 천사와 악기는 체칠리아의 일생을 이해하는 열쇠이기 때문이다. 체칠리아 성화 중에서 가장 알려진 작품은 라파엘로가 그린 체칠리아다. 로마에서 그려졌지만 현재 볼로냐 국립미술관에 있다.

　체칠리아가 중앙에 서있고, 왼쪽에 사도 바울과 사도 요한이 있다.

✤
라파엘로 作, <성녀 체칠리아와 성인들>.
중앙에 그려진 것이 체칠리아다.
(출처: 볼로냐 국립 미술관 웹사이트)

칼을 든 바울이 체칠리아의 악기들을 내려다보고 있고, 사도 요한과 체칠리아 오른쪽에 있는 어거스틴은 시선을 교환하며 무언가 얘기하고 있다. 오른쪽에는 예수님의 발에 향유를 부었던 막달라 마리아가 향유병을 들고 이 작품을 보는 사람을 끌어당기듯 바라보고 있다.

체칠리아의 손에 든 악기는 손에서 빠져나가 땅에 떨어지려고 하고 있다. 땅의 즐거움을 표현하는 악기들은 버려진 듯 바닥에 있다. 체칠리아는 환상을 보는 눈빛으로 천상에서 찬양하고 있는 천사들을 올려다보고 있다.

* 종신 동정을 서원하다

체칠리아(?~230년)는 부유한 귀족의 자녀였다. 라파엘로의 그림에서도 체칠리아는 고급 비단옷을 입고 있다. 그녀의 집은 트라스테베레(Trastevere)에 있다. 테베레강 옆 트라스테베레 지역은 현재 골목들마다 로마인들이 좋아하는 취향의 가게와 맛집들이 있는 생기 넘치는 지역이다.

체칠리아는 어린 시절부터 항상 성경을 가지고 다녔다. 그녀의 독실한 신앙은 그리스도인이었던 부모의 영향을 받은 것이었다. 바울과 베드로의 순교 후 로마에서는 기독교가 더 확산되었다. 당대 로마는 철저한 계급 사회였으므로, 그리스도 안에서 형제·자매가 된다는 기독교의 평등 사상에 많은 하층민들이 개종했다. 물론 귀족 중에서도 기독교로 개종하는 이들이 있었다. 그들은 자신의 집을 예배 장소로 내어주고 가난한 이들을 구제하는 일을 했다.

체칠리아는 음악을 좋아했고 오르간을 연주했다. 그녀는 하나님께 모든 것을 드리고 싶은 간절함으로 종신 동정을 서원했다. 하늘에 계신 예수님만을 신랑으로 모시는 정결한 신부가 되기를 원했다.

* 체칠리아를 지켜주는 수호천사

그러나 체칠리아에게 위기가 찾아왔다. 부모의 강요로 인해 귀족이자 군인이었던 발레리우스와 결혼을 하게 된 것이다. 결혼식 날, 식장에 오르간 연주가 울려퍼지자 체칠리아는 동정 서약 기도에 몰입하고 마음속으로 찬양을 불렀다. 어찌나 집중했는지, 결혼식 음악 소리도 듣지 못했다고 한다.

결혼식이 끝난 후 체칠리아는 발레리우스에게 자신은 하나님께 종신 동정을 서약했음을 고백한다. "내 몸을 지켜주는 수호천사가 있어요. 순수한 마음으로 나를 사랑한다면, 천사가 당신도 돌볼 것입니다." 발레리우스는 자신이 그녀의 천사를 볼 수 있으면 그녀의 동정 서약을 지켜주겠다고 했다. 체칠리아는 대답했다.

"천사를 보고 싶다면 먼저 예수님이 하나님의 아들이심을 믿으셔야 합니다. 예수님은 우리를 구원하시기 위해 이 땅에 오셨고, 우리를 위해 피 흘리며 돌아가셨습니다. 하늘과 땅을 만드신 창조주 하나님은 의로운 자에게 상을 주시고 악한 자는 멸하십니다. 당신의 죄가 정결해진다면 제 수호천사를 보실 수 있습니다."

기독교인이 아니었던 발레리우스는 예수를 몰랐지만, 천사는 보고 싶어 했다. 체칠리아는 발레리우스에게 아피아 가도 카타콤베 근처에 가면 거지 무리가 있을 테니 그들과 만나라고 했다. 발레리우스가 찾아간 그들은 사실 거지로 가장한 그리스도인들이었다. 그들은 나무로 가려놨던 동굴 문으로 발레리우스를 데리고 갔다. 발레리우스는 땅 밑으로 내려가 깜깜한 미로 길을 걸었다. 그리고 지하 카타콤베 예배당에서 우르바노 교황을 만난다. 우르바노 교황의 기도를 받던 발레리우스는 성령 세례를 받고 쓰러진다. 사도 바울이 우르바노 교황에게 나타나는 환상을 본 발레리우스는 두려움에 떨었다. 사도 바울은 발레리우스에게 책을 건네주며 받아 읽으라고 했다. 책을 펼쳐보니 '하나님은 한 분이시요, 믿음도 하나요, 세례도 하나이다'라고 쓰여있었다. 사도 바울이 말했다.

"전능하신 하나님이 하늘과 땅을 만드셨고 그의 아들 예수님은 우리를 구속救贖해 주실 분이다. 네가 이것을 믿느냐?"

발레리우스는 믿는다고 말했고, 바울은 세례를 받으라고 했다. 발레리우스는 우르바노 교황으로부터 세례를 받고 체칠리아에게 돌아왔다. 영의 눈이 열린 발레리우스는 체칠리아를 지켜주는 천사를 볼 수 있게 된다. 천사가 발레리우스에게 장미꽃 화관을, 체칠리아에게 백합화 화관을 씌워주었다. 체칠리아라는 이름도 천상의 백합이란 뜻이다.

발레리우스는 자신의 동생도 예수님을 믿게 되기를 원한다고 천사에게 간청했다. 그러자 천사가 사라지고, 발레리우스의 동생 티베리우스가 방으로 들어왔다. 티베리우스는 방에서 진동하는 꽃향기를 맡는다. 발레리우스는 티베리우스에게 그것이 땅의 꽃이 아니라 하늘의 꽃 면류관의 향기라고 말해주었다. 이에 티베리우스도 그리스도인이 된다.

오라치오 젠틸레스키(Orazio Gentileschi) 作,
<체칠리아, 발레리우스, 티베리우스에게 나타난 천사>
(출처: artonline 웹사이트)

✻ 봉사하는 삶 끝에 순교한 발레리우스 형제

그리스도를 섬기게 된 발레리우스 형제는 귀족 생활을 청산하고 검소하게 살며 가난한 이들을 돕기 시작했다. 노예들이 해방될 수 있도록 도와주며 전도 활동에 힘썼다. 그러나 당시 로마는 기독교 박해 시대였고, 형제는 결국 로마 행정관 알미치우스에게 발각되어 체포된다. 행정관은 발레리우스 형제에게 이교 신전에 절을 하면 풀어주겠다고 협박했다. 발레리우스 형제는 이를 거절한 대가로 매질당한 뒤 참수되었다.

당대 로마 행정관이 귀족 그리스도인들을 처형한 데는 숨겨진 의도가 있었다. 처형 후 그들의 재산을 몰수할 수 있기 때문이었다. 그러나 행정관 알마치우스는 체칠리아가 이미 모든 재산을 가난한 이들에게 주었다는 것을 뒤늦게 알게 된다. 그리고 체칠리아가 400여 명의 사람들을 기독교로 개종시켰다는 것도 알게 된다. 행정관은 체칠리아를 체포하고 법정에 세워 사형을 언도한다.

✻ 죽음조차 훼손하지 못한 신앙의 증거

체칠리아는 사흘 동안 고문당하다 뜨거운 증기에 쪄 죽는 처형을 당한다. 그녀는 24시간 동안 뜨거운 증기탕에 갇혀있었는데, 군인이 시체를 거두러 들어갔더니, 체칠리아가 여전히 살아있는 것이 아닌가.

체칠리아에게 다시 참수형이 내려진다. 그러나 세 번이나 칼로 목

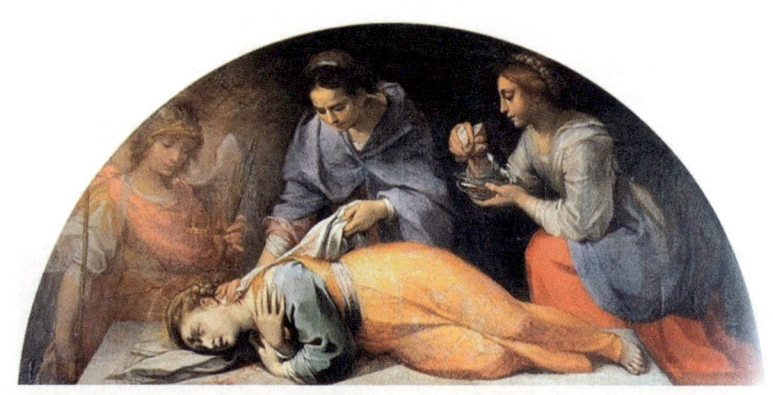

✤ 프란치스코 반니(Francesco Vanni) 作.
죽어가는 체칠리아를 천사가 미소로 지켜주고 있다.
(출처: artonline)

베임을 당했는데도 칼은 그녀의 목을 관통하지 못하고 상처만 입혔을 뿐이었다.

뜨거운 증기로도, 칼로도 죽지 않는 체칠리아를 지켜보던 이들은 겁에 질렸다. 한 사람을 세 번 이상 참수할 수 없다는 로마법에 의해, 체칠리아는 칼에 찔린 상처에서 피를 흘리며 고통 속에 죽어가도록 방치된다.

참수는 면했지만, 부상은 여전히 심각했다. 체칠리아는 차가운 바닥에 쓰러진 채 사흘 동안을 고통 속에서 보냈다. 그녀는 목이 베인 자리에서 피를 흘리면서도 그리스도를 찬양하는 노래를 불렀다. 고통의 3일을 보내고 마지막 숨을 거두는 순간, 그녀는 오른 손가락 세 개를 펼치고 왼 손가락 한 개를 펼쳤다. 성부 성자 성령은 한 분이시라는 고백이었다.

✤ 손가락으로 삼위일체 하나님을 고백하고 체칠리아는 숨을 거두었다
(출처: artonline)

세칠리아의 유해는 칼리스토 카타콤베에 안치되었고, 821년 교황 피스칼 1세가 그녀의 유해를 체칠리아 트라스테베레 집으로 옮겼다.

세월이 지나고 1599년 체칠리아 집에서 체칠리아 관이 발굴되었다. 관을 열었을 때, 순교한 체칠리아의 모습이 그대로 보존되어 있었다. 체칠리아 교회 추기경이었던 스폰드라도(Sfondrado)는 당시 23세의 젊은이였던 조각가 스테파노 마데르노(Stefano Maderno)에게 순교한 모습의 체칠리아 조각을 맡긴다. 스테파노 마데르노는 관찰한 대로 표현하는 자연주의 기법으로 체칠리아 순교의 모습을 생생하게 재현했다.

✤ 스테파노 마데르노 作. 순교한 체칠리아의 모습을 대리석으로 재현했다.

조각상에는 칼에 베인 목이 그대로 묘사되어 있다. 머리는 두건으로 싸여있다. 고개를 돌린 자세로 조각되어 있기 때문에 앞에서는 얼굴을 확인하기 힘들다. 하지만 스테파노는 체칠리아의 실제 얼굴 그대로를 놓치지 않고 기록하듯 조각해 두었다. 온라인 검색을 통해 어렵게 그녀의 얼굴이 나온 사진을 찾을 수 있었다. 그녀의 얼굴을 보는 순간, 체칠리아가 얼마나 순결하고 신비로운 아름다움이 감도는 여인이었는지 알 수 있었다.

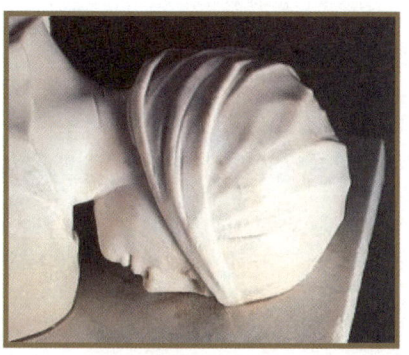

✤ 신비롭고 아름다운 체칠리아의 얼굴
(출처: artonline)

✤ 체칠리아 집 위에 세워진 교회

✤ 체칠리아 교회가 있는 트라스테베레 골목

6장
카타콤베

27.

베드로와 바울을 기리며
- 세바스찬 카타콤베
Catacombe di San Sebastiano

현재까지 발굴된 로마의 카타콤베는 대략 60여 개지만, 그중 일반인들에게 오픈되어 있는 것은 단 7개뿐이다. 카타콤베는 모두 로마 성 밖에 있는데, 이렇게 지어진 데는 무엇보다 위생적인 이유가 컸다. 즉 전염병을 피하기 위한 방침이었다.

7개 카타콤베 중에서도 가장 방문객이 많은 곳은 칼리스토 카타콤베다. 그러나 순례지로서 제일 의미가 깊은 곳을 꼽으라면 세바스찬 카타콤베라고 할 수 있을 것이다. 사도 베드로와 바울의 유해를 보호하기 위해 이 세바스찬 카타콤베에 임시 매장했던 시기가 있었기 때문이다.

콘스탄티누스 황제가 기독교를 공인한 후부터, 기독교인들은 더 이상 지하로 숨을 필요가 없어졌다. 그들은 얼마든지 지상에 교회를 세울 수 있었고, 해가 닿는 곳에서 자유롭게 예배드릴 수 있었다. 사도들의 유해도 더 이상 카타콤베에 숨기며 보호할 필요가 없어졌다. 베드로의 유해는 지금의 베드로 교회로 옮겨졌고 바울의 유해는 바울 교회로 옮겨졌다. 유해를 이전하기 전에는 세바스찬 카타콤베를 '베드로와 바울을 기념'하는 카타콤베라고 불렀다. 세바스찬 카타콤베라는 지금의 이름은 이 카타콤베에서 사도 다음으로 중요하게 여긴 성인 세바스찬의 이름을 따 개칭한 것이다.

세바스찬 카타콤베는 아피아 가도에 있다. 아피아 가도는 로마에서 이탈리아 남부 브린디시 항구까지 이어진 도로라서 남쪽에서 오는 순례자들은 모두 이 아피아 가도로 로마에 도착한다. 로마에 도착하는 입구에 세바스찬 카타콤베가 있고, 그곳에 베드로와 바울의 유해가 있었으니, 순례자들에게는 너무나 의미깊은 순례지였다. 지금도 세바스찬 카타콤베에 도착하면 '성 세바스찬 카타콤베(CATACOMBE SAN SEBASTIANO)'라는 안내판 옆에 '사도 베드로와 바울을 기념(IN MEMORIA APOSTOLICA DEI S.S. PIETRO E PAOLO)'한다고 쓰인 안내판을 볼 수 있다.

순례자들은 지하 무덤에 들어가 예배드린 후 지하에 있는 테라코타 벽돌에 자신의 기도문이나, 베드로와 바울 이름을 적었다. 지하 무덤에서의 사진 촬영은 금지다.

세바스찬의 시신은 현재까지도 세바스찬 카타콤베에 안치되어 있다. 세바스찬 무덤이 있는 자리에 지하 경당이 만들어져 있는 것을 볼 수 있다.

세바스찬 카타콤베는 길이가 20킬로미터이고 지하 3층으로 되어있다. 방문은 지하 2층만 할 수 있다. 지하 9미터이다. 지하 무덤들에 있었던 남은 유해들은 1900년도에 바티칸에 의해서 도시 안의 교회로 옮겨졌다. 발굴하면서 무덤마다 덮여있었던 석관들을 떼어내 현재는 빈 무덤 공간만 볼 수 있다.

✤ 세바스찬 카타콤베
(출처: Tikets-rome.com)

카타콤베는 기독교 예술이 시작된 곳이다. 성경의 에피소드들을 프레스코화로 그려 넣었기 때문이다. 요나 이야기는 모든 카타콤베에 그려져 있다. 그리스도인 상징들도 많이 볼 수 있다. 모노그램 P 글자 위에 X를 겹쳐 놓은 것은 그리스도를 상징한다. 그리스어로 그리스도를 쓸 때 첫 두 글자이다.

✜ 카타콤베에 그려진 그리스도를 상징하는 모노그램
(출처: viator.com)

닻(anchor)이 그려진 것도 흔하다. 소망이라는 의미를 담고 있다.

> 우리가 이 소망을 가지고 있는 것은 영혼의 닻 같아서 튼튼하고 견고하여 휘장 안에 들어가나니
>
> 히브리서 6:19

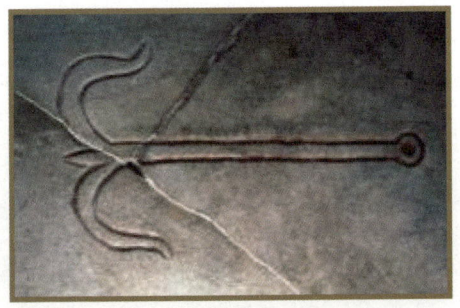

✜ 그리스도인에게 닻은 소망의 상징이다
(출처: jesuswalk.com)

무덤을 덮었던 대리석이나 타일 위에는 라틴어로 비문을 적었다. 죽은 이의 이름과 태어난 날과 사망한 날, 사망 원인을 기록했다. 그리고 마지막에는 '이제 주 안에서 평화롭게 쉬고 있다'라고 써 넣었다.

지하 묘지 길 벽에 램프를 놓았던 흔적들을 볼 수 있다. 당대에는 올리브유 램프로 불을 밝혔다. 하지만 지하여서 산소가 부족했을 테니 꼭 필요한 시간만큼만 사용했었을 것이다.

이런 어둡고 참담한 지하로 스스로 들어간 이들이 있었다는 것이다. 그리스도를 모르는 이들은 이해하지 못할, 그리스도를 향한 사랑 때문에.

28.

부활을 꿈꾸며 잠들다
- 칼리스토 카타콤베
Catacombe di San Callisto

> 우리가 예수께서 죽으셨다가 다시 살아나심을 믿을진대 이와 같이
> 예수 안에서 자는 자들도 하나님이 그와 함께 데리고 오시리라
>
> 데살로니가 전서 4:14

✳ **250년의 박해, 600만 명의 순교**

로마의 기독교 박해는 250년이나 이어졌다. 67년 네로 황제에서 시작해 313년 콘스탄티누스 황제가 기독교를 공인할 때까지이다. 250년 동안 핍박으로 죽은 그리스도인이 600만 명에 달한다고 한다. 카타콤베는 얼마나 많은 기독교인들이 순교했으며 그들이 어떻게 믿음을 지켜나갔는지를 볼 수 있는 곳이다. 그중 성 칼리스토 카타콤베는 가장

크고 오래된 곳으로, 가장 많은 순례자들이 방문하는 곳이다. 로마 성 밖 아피아 가도에 있다.

로마의 성안에 무덤을 만들 수 있는 것은 황제뿐이었다. 성안에 있는 대표적인 황제 무덤은 하드리아누스 묘인 천사의 성과 아우구스투스 영묘이다. 황제를 제외한 모든 시민은 성 밖에 무덤을 만들어야 했는데, 개중 부자들은 성 밖 도로 양옆으로 화려한 무덤을 만들었다.

문제는 무덤을 만들 땅도 돈도 없는 가난한 빈민층이었다. 결국 땅을 파서 지하에 묻는 방법을 택했다. 성 밖 아피아 가도의 땅은 진흙 성분의 땅이라 웅덩이를 파기에 좋았다.

카타콤베라는 말의 어원은 라틴어 '웅덩이'이고, '죽은 이들의 안식처'라는 뜻이다. 믿지 않는 자들의 묘지를 네크로폴리스(죽은 자들의 도시)라고 부르는 것과 달리 카타콤베는 부활을 위해 잠시 잠드는 안식처였다.

* **지하 묘지에서 지하 교회로**

빈민층의 지하 묘지였던 카타콤베는 기독교 박해 시대가 오자 기독교인들이 숨어서 예배드리는 교회가 되었다. 몰래 신앙생활을 이어가던 기독교인들은 순교자들을 지하에 묻어주기 시작했다. 지하 묘지가 만들어지기 시작한 것은 1세기부터지만, 현존하는 지하 묘지의 대부분은 기독교 박해가 극심했던 3세기경에 만들어진 것이다. 가장 심한 박해를 했던 황제는 카라칼라와 발레리아누스, 그리고 디오클레티아누스였다. 그중 발레리아누스는 기독교인의 재산을 압수했고, 묘지 출입 금지령까지 내려 로마 군사가 지하 묘지까지 기독교인을 체포하러 들어갔다.

* 양떼를 돌보다 죽은 목자, 칼리스토

발레리아누스 황제의 카타콤베 예배 금지령에도 멈추지 않고 예배를 드리다 순교한 이들 중 한 명이 칼리스토(217-222년)이다. 그는 로마 교황이었고, 교황이 되기 전에는 사르데냐 섬으로 보내져 석탄을 캐는 중노동을 했다. 칼리스토는 다시 자유를 얻어 로마로 돌아왔을 때 교황으로 선출되었다. 그는 신자들을 돌보고 순교자들의 장례식을 주도했고, 그러다 지하에서 예배드리던 중 체포되어 참수당했다.

카타콤베 이름은 그 지하 묘지에 있는 성인이나 땅을 헌사한 이들의 이름을 따서 부른다. 아직도 세상에 드러나지 않은 카타콤베가 지하에 얼마나 더 있을지 모른다고 한다. 현재 로마 지하 묘지 갱도를 연결한다면 1,000킬로미터가 넘는다고 한다.

성 밖에 있는 칼리스토 카타콤베에 가기 위해 로마를 벗어날 때는 높고 견고한 성벽을 통과해야 한다. 아우렐리아누스 황제(271-275년) 때 만들어진 성벽이다. 로마 역사상 두 번째 성벽이다.

❖ 아우렐리아누스 성벽

첫 번째 성벽은 로마 왕정 시대인 기원전 4세기 세르비아누스 왕 때 만들어졌다. 세브비아누스 성벽은 로마의 일곱 언덕을 두르며 쌓여 있었는데, 율리우스 카이사르 때 도시 정비를 위해 많이 무너트렸다. 갈리아를 정복한 후 세계 정복을 꿈꾸던 율리우스 카이사르에게 성벽은 필요하지 않았다.

칼리스토 카타콤베에 도착하면 사이프러스 나무가 환영하듯 서있다. 사이프러스 나무는 아름다우면서도 뿌리가 옆으로만 뻗어서 지하

❖ 칼리스토 카타콤베 입구

묘지 위에 심기에 적합하다. 그래서 고대 로마 때부터 무덤 옆에는 사이프러스 나무를 심었다.

* 지하 묘지에 시신이 없다

미로 같은 지하에서 길을 잃어버릴 수 있기 때문에, 카타콤베에 들어갈 때는 반드시 가이드의 안내를 받아야 한다. 미로처럼 얽힌 갱도가 20킬로미터나 된다고 한다. 들어갈 때는 돌계단을 따라 내려가는데, 이 계단은 4세기 기독교 공인 후 카타콤베가 성소화되면서 만들어진 것이다.

카타콤베 성지순례는 400년 동안 이어졌다. 그러다 이민족의 침략으로 도굴과 약탈이 횡행하자, 로마인들은 교황이나 부자들의 관 안에 있는 귀금속을 지키기 위해 8세기에서 10세기 사이 유골을 로마의 성 안으로 이전했다. 그 후 카타콤베는 1,000년 동안 버려지고 잊혀졌다.

계단을 내려가면 지하 2층으로 들어가게 되어있다. 총 지하 4층으로 되어있는데 2층까지만 방문할 수 있다. 지하 4층은 90미터까지 내려간다. 지하 묘지는 지상에서 가까운 지하 1층에서부터 아래층으로 내려가며 만들어졌다.

✽ 교황도 핍박받다
: 교황의 무덤 크립타

지하 2층에서 먼저 보게 되는 곳이 교황의 무덤이라 불리는 '크립타'이다. 크립타는 교황이 묻혀있는 곳이라 크고 화려하다. 공간이 넓어서 예배 장소로 사용되었다. 칼리스토 카타콤베에 14명의 교황이 묻혔는데 그중 9명이 있는 곳이다. 황제 기독교 박해 시대 때에는 교황도 핍박받고

✢ 크립타
(출처: catacombeditalia.va)

순교당했다.

* 프레스코화로 성경을 전하다
  : 가족묘 쿠비콜로

카타콤베에는 가족묘도 있다. 비교석 넓은 공간의 가족묘를 '쿠비콜로'라고 부른다. 프레스코화가 많이 그려져 있다. 문자 성경이 없던 때였기 때문에 전해 들은 성경 내용을 그림으로 그렸다. 주로 부활 신앙이 담긴 요나 그림이 많다. 세례받는 예수님, 성찬식 하시는 예수님, 오병이어 기적을 다룬 그림들도 있다.

* 흙벽을 파서 시신을 놓다
  : 로쿨로

좁은 지하 미로 양쪽 벽에는 직사각형의 구멍들이 있다. 시신이 있었던 자리이다. 시신을 넣을 만큼 흙을 판 다음 관을 사용하지 않고 세마포로 감싼 후 넣었다. 올리브유 등잔불을 시신 옆에 둔 채 뚜껑으로 닫고 진흙으로 잘 봉했다. 뚜껑은 기와나 벽돌, 대리석을 사용했다. 뚜껑이 닫히면 시신 옆에 둔 등잔불이 마지막까지 홀로 타다 꺼지면서 시신이 있는 공간에 이산화탄소를 가득 채운다. 이 이산화탄소가 시신을 보존하는 역할을 했다. 이런 형태의 무덤을 '로쿨로'라 부르는데, '침대'라는 뜻이다. 카타콤베에서 가장 많은 무덤 형태이다.

✻ 관 뚜껑에 새겨진 부조와 조각

지하 묘지에서 많은 그리스도인 상징 부조와 조각을 보게 된다. 주로 관 뚜껑에 새겨놓았던 것들이다. 2천 년 전 지하 묘지에서 신앙을 지켰던 이들의 마음을 읽을 수 있다.

① 선한 목자: 제일 많은 부조가 '선한 목자'이다. 어깨에 양을 메고 있는 모습인데, 성경 속 한 마리의 잃어버린 양을 찾는 선한 목자를 표현한 것이다. 그리스도가 한 생명을 귀하게 여기며 그 영혼을 구원한다는 상징이다.

② 기도하는 사람: 두 팔을 벌려 들어 올린 모습이다. 고대 그리스도인들은 기도할 때 팔을 들었고 이는 하나님의 안식 속에서 사는 영혼을 상징한다.

③ 물고기: 그리스어로 물고기를 '익투스(ΙΧΘΥΣ)'라고 한다. '예수 그리스도 하나님의 아들 구세주'라는 그리스어의 첫 글자의 합체 문자에서 '물고기'라는 단어가 나오게 되었다.

지하 묘지의 어둡고 습한 곳에 있다가 지상으로 다시 나오면 햇볕이 더 밝고 따뜻하게 느껴진다. 빛과 온기가 새삼 소중해진다. 로마가 세계 최강의 제국이 되었을 때, 로마 귀족은 넘치는 음식을 계속 먹으려고 새 깃털을 써서 구토까지 했다고 한다. 동시기 기독교인들은 목숨을 걸고 신앙을 지키려 땅 밑으로 내려갔다. 그들은 햇볕을 받지 못해 창백해지고, 음식을 먹지 못해 어위어 가면서도 신앙을 지켰다. 기독교에 대한 박해로 인해 어른들뿐만 아니라 많은 아이들도 지하에서 죽었다.

카타콤베의 순교자들은 그리스도를 향한 사랑이 죽음보다 강함을 보여주었다. 그리스도를 통해 부활할 것을 꿈꾸며, 땅 밑에서 찬양하고 기도하다 잠들 수 있었다.

> 모든 눈물을 그 눈에서 닦아주시니 다시는 사망이 없고 애통하는 것이나 곡하는 것이나 아픈 것이 다시 있지 아니하리니 처음 것들이 다 지나갔음이러라
>
> 요한계시록 21:4

29.

카타콤베의 여왕
- 프리실라 카타콤베
Catacombe di Priscilla

프리실라 카타콤베는 로마의 카타콤베 중 가장 많은 교황과 순교자가 묻혀있어 '카타콤베의 여왕'이라는 별명이 붙었다. '프리실라'라는 이름은 카타콤베를 짓도록 땅을 내준 로마의 여자 귀족에게서 따온 것이다. 디오클레티아누스 황제 박해 동안 순교한 교황들을 비롯해서 360여 명의 순교자들이 안치되어 있다. 흥미로운 것은 콘스탄티누스 황제에 의해 지하 예배 시대가 끝난 후 첫 교황이 된 실베스테르(Silvestro)도 프리실라 카타콤베에 안치되어 있다는 사실이다.

콘스탄티누스는 실베스테르를 기독교 공인 시대를 여는 첫 교황으로 임명했다. 실베스테르는 교황(314-335년)이 되기 전, 즉 콘스탄티누스가 황제로 등극하기 이전에 이미 교회 지도자로 활동하고 있었다. 그래서 실베스테르는 카타콤베 지하 예배를 드렸던 한 사람의 그리스도인으로서, 성인과 순교자들이 있는 곳에 묻히는 것을 영광으로 생각했던 다른 지하 교회 예배자들처럼 카타콤베에 묻히기를 원했다.

프리실라 카타콤베는 로마 성 밖 비아 살라리아(Via Salaria) 길에 있다. 비아 살라리아는 '소금 도로'라는 뜻인데, 로마 시대부터 매우 중요한 도로였다. 로마의 북동쪽 도로였던 비아 살리리아를 따라가면 아드리안해 연안 살리니아, 오늘날의 살레르노에 이르게 된다. 이 도로

✤ 프리실라 카타콤베 입구

를 통해 많은 물자들이 로마로 운송되었는데, 그중에서도 가장 필수적으로 여겨진 물자가 '살라리아', 바로 소금이었다. 냉장 시설이 없었던 고대 시대에는 소금으로 식품을 보존했고, 음식의 맛을 낼 때에도 소금이 필요했기 때문이었다. 또한 고대 로마인도 적절한 양의 소금 미네랄이 건강에 좋다는 것을 알고 있었다. 그래서 로마 군인들에게 월급 대신 소금을 지급하기도 했다. 이것을 살라리움(Salarium)이라 불렀고 이 용어가 오늘날 월급이란 영어 단어 샐러리(Salary)가 된 것이다.

프리실라 카타콤베 길이는 13킬로미터이고 지하 2층으로 되어있다. 총 깊이는 지하 20미터가량인데 방문객은 지하 1층 일부만 볼 수 있다. 프리실라 카타콤베의 많은 프레스코화들은 비교적 보존 상태가 좋기 때문에, 초기 그리스도인들의 신앙을 생생히 볼 수 있다.

입구를 지나 제일 먼저 보게 되는 프레스코화는 베일 쓴 여인이 손을 올려 기도하는 그림이다. 가족묘 형태의 쿠비쿨룸(cubiculum)에 그려져 있다. 베일 쓴 여인이 손을 올려 기도하는 모습을 통해 초기 기독교 공동체에서의 기도 모습과 여성의 신앙심을 볼 수 있다. 실제로 초기 기독교

✣ 초기 기독교 여성의 신앙을 볼 수 있는 프레스코화
(출처: Vaticannews)

공동체에서 많은 여성들이 중요한 역할을 했었다.

지하 통로를 다시 걷다 어딘가 색다른 프레스코화를 보게 된다. 이 그림이 낯설게 느껴지는 것은 한 프레스코화에 예수님이 두 명이나 그려져 있기 때문이다. 초기 기독교 미술에서는 한 그림에 두 명 이상의 예수를 그려 넣을 수 없다는 전통이 있었다. 하지만 이 프레스코화는 성육신하신 예수님과 부활하신 예수님을 의도해 두 번 그린 것이라고 한다. 이 프레스코화는 천장 바로 아래 그려져 있고 그 아래로 많은 무덤이 있는데, 무덤이 더 높이 있을수록 더 중요한 사람이었다고 한다.

또 다른 흥미로운 프레스코화는 그리스 예배당이라는 이름을 가진 곳에서 볼 수 있다. 7명의 사람이 식사를 하고 있는 모습인데, 흔히 생각하는 예수님과 열두 제자의 '최후의 만찬'이 아니고, 죽어서 천국에서 가지게 될 만찬을 상징한다고 한다.

카타콤베를 나오기 전, 천장에 작은 구멍이 있던 자리를 볼 수 있었다. 공기와 햇볕을 받기 위해 뚫어놓은 것이다. 그 작은 틈으로 들어오는 것이라고는 그야말로 최소한의 빛과 공기였을 테니, 그곳이 살아남기조차도 어려운 환경이었음을 쉬이 짐작할 수 있다.

카타콤베의 미로 같은 길을 걷다 보면 2천 년 전에는 어떻게 길을 익혔을까 하는 궁금증이 생긴다. 카타콤베 길을 제일 잘 아는 사람은 카타콤베 땅을 팠던 사람이다. 그래서 지하 길을 만든 사람이 보통 길 안내자가 되었다고 한다. 카타콤베 곳곳에 그려진 기독교 상징이나 그림들도 길 표시가 되어주었다.

이런 지하 미로 길을 걸었던 이들은 이 길이 예수님을 따르는 길이라고 믿었다. 지상에서는 황제가 지배하는 세상이지만 만왕의 왕은 예수님 밖에 없음을 고백하며 어둡고, 차갑고, 좁은 길을 걸었다.

✤ 프리실라 카타콤베 출구

30.

군인의 창에서 주님의 복음으로
- 도미틸라 카타콤베
Catacombe Domitilla

로마의 초기 교회 상징인 카타콤베 중에서 규모가 큰 카타콤베는 모두 아피아 가도에 있다. 아피아 가도 카타콤베 중 가장 길고 가장 오래된 카타콤베는 도미틸라 카타콤베이다. 자그마치 17킬로미터가 넘는다. 유일하게 시신의 뼈들이 남아있는 카타콤베이기도 하다. 외부의 침략과 약탈로 카타콤베가 훼손되고, 8세기 이후 바티칸에 의해서 카타콤베 유해들이 로마 성안에 있는 교회로 옮겨지는 과정 속에서도 도미틸라 카타콤베의 많은 매장지들은 뚜껑이 닫혀진 채 보존되고 있다.

도미틸라 카타콤베는 지하 4층으로 되어있고 150,000개의 매장지가 있다. 공개되어 있는 것은 지하 2층까지지만, 가이드 동반 방문은 마지막에 지하 3층까지 잠시 내려가는 동선으로 짜여있다.

도미틸라 카타콤베는 다른 카타콤베와 마찬가지로 1세기 말 지하 무덤들이 생겨날 때 만들어진 것이다. 이후 기독교인 박해가 시작되면서 지하 예배 장소가 되었다. 4세기 교황 다마수스(Damasus) 시기에 네레우스(Nereus)와 아킬레우스(Achilleus)에게 바쳐진 교회가 세워졌다.

✣ 도미틸라 카타콤베 외관

네레우스와 아킬레우스는 로마 군인이었고 기독교인으로 개종했다. 도미티아누스 황제의 군인으로서 기독교인들을 잔인하게 고문하고 죽여야 할 군인의 의무를 거부하고, 기독교인으로서 순교했다. 네레우스와 아킬레우스 교회의 특징은 로마에서 유일하게 반지하 형태로 지어졌다는 것이다.

이 반지하에서부터 카타콤베 순례가 시작된다. 높이 7미터의 교회 내부에 있는 8개의 기둥은 고대 로마인이 사용했던 오리지널 기둥이다. 반지하라 햇볕이 잘 들어와 예배드리기가 좋다. 공간까지 넓어서 많은 단체 순례자들이 선호한다. 교회의 후진(앱스) 아래에 순교자 네레우스와 아킬레우스 유해가 모셔져 있다.

❖ 도미틸라 카타콤베 위에 세워진 네레우스와 아킬레우스 교회
(출처: domitilla catacombe site)

지하 2층으로 내려가 처음 보게 되는 성화는 손을 올려 기도하는 두 여인의 모습이다. 순교자 '베네란다(Veneranda)'와 '페트로넬라'가 천국으로 들어가는 것을 의미한다. 라 벨라타(la velata)라 불리는 쿠비쿨룸 형태의 묘지에서 처음 발견된 이 성화는 무덤 뚜껑에 그려져 있었고, 무덤 옆에는 순교자의 이름과 그들이 순교한 해(356년)가 새겨져 있었다. 이 성화를 통해 초기 기독교인들이 손을 올려 기도했음을 알 수 있는데, 눈이 하늘을 향하고 있는 것은 천국과 부활 소망을 담은 것이다.

✣ 순교자 베네란다와 베트로넬라
(출처: domitilla catacombe)

이곳에는 또한 '작은 사도들'이란 이름으로 불리는 아르코솔리움이 있다. 한정된 아치 모양에 12명의 사도들을 모두 그려야 해서였는지, 사도들의 얼굴이 겹쳐져 있다. 아치 중앙에 한 여인이 기도하는 모습으로 흐릿하게 그려져 있는데 그녀가 이 무덤에 묻힌 자이다. 여인 그림의 양쪽에는 베드로와 바울이 그려져 있다.

✢ '작은 사도들'이라는 이름의 아르코솔리움
(출처: catacombe d'italia)

✢ 우물
(출처: Itineroma facebook)

지하 묘소 구역 중심 회랑에서 갈라지는 통로 안쪽에 지하 성도들이 모여 회의를 했던 공간이 있다. 고고학자 밀러가 발굴해서 '밀러의 회의장'이라고도 불린다. 벽화와 비문이 잘 보존되어 있어 화려해 보이기까지 한다. 그 옆으로 지하 갱도를 파서 만든 우물을 볼 수 있다. 우물은 식수로도 사용했지만 세례식을 위해서도 사용되었다.

268

최근, 레이저를 이용해 카타콤베를 청소하던 중 새로운 프레스코화가 발견되기도 했다. 그중 하나가 죽은 순교자를 그리스도께 바치는 장면이 그려진 프레스코화다. 또 다른 프레스코화는 성화는 아니고, 당시의 제빵사가 그려져 있다. 곡물 구매 사업을 했던 순교자의 무덤에 그려진 것인데, 제빵사 옆에는 당시 곡물을 측정하던 모디우스(modius)도 묘사되어 있다. 곡물 구매자로서 부유했을 순교자가 곡물을 지하 성도들에게 공급해 주는 역할도 했을 것 같다.

✤ 도미틸라 카타콤베 정원

7장

로마의 유대인 역사

31.

세계에서 가장 오래된 유대인 지역
- 로마 게토
Ghetto

예수님께서는 하나님이시면서 하나님의 아들로서 성육신하셨다. 이스라엘 땅에서 유대인으로 태어나셨다. 이천 년 동안 미움받은 이스라엘은 지금도 적들이 너무 많다. 성경에서는 이스라엘을 축복하는 자에게 하나님께서도 축복을 주신다고 하셨다.

> 너를 저주하는 자는 저주를 받고 너를 축복하는 자는 복을 받기를 원하노라
>
> 창세기 27:29

엄밀히 말하면 로마의 유대인 지역은 성지가 아니지만, 그래도 이곳을 방문하는 것은 그만한 가치가 있다. 세계에서 가장 오래된 유대인 지역이자 기원전 1세기부터 20세기까지의 역사의 흔적을 볼 수 있

는 귀한 유적지이기도 하기 때문이다. 로마의 유대인 인구가 증가하기 시작한 시점은 율리우스 카이사르 시대, 그의 정적이었던 폼페이우스가 유대 원정을 가서 유대인 포로를 로마로 데리고 왔을 때였다(63년). 이때부터 유대 땅이 로마의 속국이 되었다.

유대인 지역의 중심부를 찾아가는 가장 쉬운 방법은 테베레강에 있는 테베레섬(Isola Tiberina)을 출발점으로 하는 것이다. 테베레섬은 체스티오(Cestio) 다리와 파브리치오(Fabrizio) 다리 사이에 있는데, 그중 파브리치오 다리를 건너면 유대 지역이다.

✤ 테베레섬. 사진 왼쪽이 유대인 지역이다.
  유대인 회당 지붕이 보인다.

✤ 파브리치오 다리

✳ 유대인 회당(Sinagoga)

파브리치오 다리를 건너면 '예루살렘'이라는 작은 광장이 나온다. 예루살렘 광장 앞에 유대인 회당이 있다. 1904년에 지어졌고 유대인 박물관이 있다. 유대인 안식일인 토요일에는 박물관도, 유대인 가게들도 모두 문을 닫는다.

1870년 이탈리아군이 로마를 정복하고 로마가 이탈리아 왕국으로 편입되었다. 교황은 더 이상 이전과 같은 권력을 누릴 수 없게 되었다. 교황의 권력 상실은 유대인에게 교황의 박해로부터의 자유를 의미했다. 유대인들은 다른 로마 시민과 같은 평등한 시민권을 가지게 되었고, 이를 기념하기 위해 유대인 회당을 세웠다.

로마의 유대인 회당은 세계에서 가장 큰 회당이고, 카피톨리노 언덕과 자니콜로 언덕 사이에 있다. 로마의 주요 파노라마 지점에서 볼 수 있는 위치다. 이 두 언덕에는 각가 이탈리아를 통일시킨 두 영웅 빅토리오 엠마누엘레 2세와 가리발디 장군 동상이 있다. 회당의 위치가 절묘하다. 회당의 돔(cupola)이 사각형인 것은 로마의 가톨릭 교회의 둥근 돔과 구별되려는 의도이다.

✣ 유대인 회당

* **옥타비아 문**(Portico di Ottavia)

회당을 지나면 치르코 플라미니오(Piazza del Circo Flaminio)라는 작은 광장이 나오고, 이곳에는 고대 로마 황제 아우구스투스가 세운 유적인 옥타비아 문(Portico d'Ottavia)이 자리하고 있다. 이 문은 고대 경기장이었던 치르코 플라미니오(Circo Flaminio) 북쪽 경계에 세워졌으며, 유대인 지구의 중심 유적 중 하나이다.

✥ 옥타비아 문

옥타비아 문이 세워진 자리는 원래 로마 신전이 있었던 자리였다. 아우구스투스 황제가 갈라티아를 점령하고 가지고 온 전리품으로 재건축했다. 아우구스투스가 그의 여동생 옥타비아에게 헌정해서 '옥타비아 문'으로 불리게 되었다. 중세 시대에는 수산시장터로 사용되었다. 대서양에서 잡은 물고기들을 테베레강으로 가져와 이 수산시장에서 팔았다.

옥타비아 문이 게토의 일부가 된 것은 1555년, 교황 바오로 4세가 이 주변에 성벽을 쌓아 모든 유대인들을 성벽 안에 가두어 버렸을 때부터다. 바오로 4세는 전 교황 마르첼로 2세의 갑작스러운 사망으로 인해 79세 고령의 나이에 교황 자리에 올랐고, 이 때문에 자신의 지위에 대한 불안을 느꼈다. 그는 교황으로서의 권위를 세우기 위해 모든 로마 시민들로 하여금 티투스 개선문을 지나 교황에 대한 충성을 증명하라고 명했다. 그러나 로마에 사는 3천 명의 유대인들은 이 개선문을 통과하지 않았다. 100만 명의 유대인을 학살한 티투스의 개선문을 지나가고 싶은 유대인이 있을 리 만무했다. 비오로 4세는 교황에게 불순종하는 유대인에게 분노하여, 로마 천사의 성 근처의 테베레강 쪽에 벽을 쌓아 유대인을 가두었다. 그리하여 유대인들은 이 게토에서 비참하게 생활했고, 매년 티투스 개선문에 끌려가 그 밑을 강제로 지나가야 했다.

옥타비아 문을 건축한 아우구스투스 황제는 예수님이 태어나셨을 때의 로마 황제였다. 예수님께서 로마의 제국 시대를 시작한 첫 황제 때 유대 땅의 왕으로 태어나신 것은 우연일까.

누가복음 2장에 아우구스투스 황제의 인구조사 명령이 기록되어 있다. 다윗의 족속인 요셉이 호적하러 유대로 향할 때, 마리아는 베들레헴에서 예수님을 잉태하셨다.

> 그때에 가이사 아구스도가 영을 내려 천하로 다 호적하라 하였으니 …
>
> 누가복음 2:1

✱ 홀로코스트 전시관 (Museo della shoah)

✥ 게토 지역에서의 가장 비극적인 날
1943년 10월 16일을 표시하고 있다

옥타비아 문 바로 옆 벽에 '1943년 10월 16일'이라는 표시판이 있다. 게토 지역 역사상 가장 비극적인 날이다. 그날, 게토에 살았던 유대인들이 독일 나치군에 의해 아우슈비츠 수용소로 끌려갔다.

홀로코스트라 불리는 유대인 학살에 관한 기록과 사진을 볼 수 있는 전시관이 광장 옆에 있다. 소아 박물관이라고 쓰여있다. 유대인들은 홀로코스트(학살)를 소아(Shoah)라고 부른다. 이 전시관은 특별히 희생당한 유대인 어린이들을 기리고 있다.

1943년 10월 16일 새벽 5시, 독일 나치군들이 로마 게토 지역에 도착했다. 나치군들은 유대인의 집 문을 부수고 들어가 잠자고 있었던 유대인들을 끌고 나와 광장에 세웠다. 2,091명의 유대인들이 끌려 나와 로마 티부르티나(Tiburtina) 기차역에서 강제로 기차에 태워졌다.

1948년 유대인들이 아우슈비츠 수용소에서 해방되었을 때 로마로 다시 돌아온 유대인은 겨우 15명이었다. 어린이 생존자는 없었다.

아우슈비츠 수용소의 유대인 고아원 아이들이 학살 수용소로 이동되는 과정에서 기억할 만한 감동적인 인물이 있다. 야누슈 코르착(Janusz Korczak)이라는 폴란드계 유대인 의사이다. 그는 자신이 학살 수용소로 죽으러 가는 줄도 모른 채 고아원을 나선 아이들과 농행하며, 아이들에게 아버지와 함께 소풍을 떠나는 것 같은 마지막 추억을 선사했다. 야누스는 아이들이 학살 수용소 안으로 들어가면 자신의 근무지로 되돌아갈 수 있었는데도, 자진해서 수용소 안으로 따라 들어가 아이들과 함께 생을 마감했다.

✤ 나치군에 의해 강제로 집에서 끌려 나와 수용소로 실려갔던 사람들의 이름이 집 앞 바닥에 새겨져 있다

유대 지역을 다니다 보면 집 앞 바닥에 이름이 새겨져 있는 표시를 발견할 때가 있다. 1943년 나치군에 의해 수용소로 끌려가기 전, 그 집에 살았던 이의 이름이다.

나치의 홀로코스트로 희생된 이스라엘 사람은 600만 명이다. 현재 이스라엘 땅에서 살고 있는 이스라엘 사람 또한 600만 명이다. 이것은 과연 우연인가.

32.
로마 백성의 함성에 묻힌 유대인들의 곡성
- 콜로세움
Colosseo

* **유대인 노예들이 건설한 콜로세움**

로마의 랜드마크 콜로세움은 로마인의 건축법으로 지어졌지만 건축에 동원된 노동자들은 전쟁 포로 유대인들이었다. 콜로세움 2층 복도에 이를 증거하는 대리석 블록(marble block)이 전시되어 있는데, 베스파시아누스 황제 가문이 예루살렘을 정복히고 가져온 값진 전리품과 전쟁 포로로 콜로세움이 건설되었다는 글이 새겨져 있다. 80년에 콜로세움이 완공되면서 기념행

✣ 대리석에는 '예루살렘에서 가져온 전리품으로 콜로세움이 건설되었다'라고 쓰여있다

사를 할 때 이 대리석을 콜로세움 바깥에 세워두고 로마 시민들에게 자랑스럽게 보여주었다고 한다.

예수님께서는 십자가에서 돌아가시기 전 예루살렘이 무너질 것을 예언하셨다. 40년 후에 그 예언이 이루어졌다.

날이 이르면 돌 하나도 돌 위에 남지 않고 다 무너뜨려지리라

누가복음 21:6

✥ 네로의 궁전터에 지어진 콜로세움

✱ 콜로세움 안에 세워진 십자가

콜로세움 1층 관객석에는 청동 십자가가 있다. 이 십자가가 세워진 자리가 로마 황제가 앉았던 자리이다. 기독교를 박해했던 황제들이 앉았던 자리에 십자가가 세워져 있는 것이다.

1675년 성년, 교황 클레멘트 10세가 콜로세움에서 순교한 모든 기독교인들을 기리며 콜로세움을 성지로 선언하고 경기장 중앙에 십자가를 세웠다. 1750년 성년에 교황 베네딕트 14세는 '그리스도와 거룩한 순교자들의 수난'에 헌정하고 콜로세움 아레나 경기장 주변에 예수님 십자가 길을 상징하는 14개의 작은 사당을 만들었다. 이때 지어진 사당들은 나폴레옹이 로마를 침략했을 때 파괴되었고, 지금의 십자가는 2000년 성년에 교황 바오로 2세가 콜로세움 기독교 순교자들을 기념하기 위해 세운 것이다. 십자가 옆에 하얀색 대리석 패가 있는데, 콜로세움을 성지로 선포하고 십자가의 길을 만든 교황 베네딕트 14세를 기념하는 패이다.

매년 부활절을 앞둔 성 금요일에는 콜로세움의 십자가를 중심으로 예수님의 수난과 죽음을 기념하는 대대적인 행사가 이루어

✥ 콜로세움 안에 세워진 십자가

진다. 로마의 주교이신 교황님이 이 십자가를 앞세우고 콜로세움 옆 포로 로마노 비너스 신전 쪽으로 장대한 십자가의 길 행렬을 한다.

* '작은' 베드로 교회

콜로세움에 십자가의 길을 만든 교황 베네딕트 10세에 이어, 교황 베네딕트 11세는 콜로세움 경기장에 축소된 베드로 교회를 지으려 했었다(1675년). 그는 건축가 카를로 폰타나에게 타원형 경기장의 동쪽 편에 돔이 있는 교회 건축물을 올리고 반대편에는 분수를 만들 것을 명했다. 하지만 교회가 실제로 건축되지는 못했다.

이 교회가 세워지고 지금까지 바티칸 성 베드로 교회와 함께 남아 있었다면 콜로세움 분위기는 완전히 기독교적인 차원으로 바뀌었을

❖ 17세기 계획되었던 콜로세움 안의 베드로 교회를 구현한 조형

것이다. 카를로 폰타나가 설계했던 작은 베드로 교회 모형은 콜로세움 2층 복도 전시관에서 볼 수 있다.

* **그리스도인들을 가두던 사형수 감옥**
: **콜로세움 지하**

현재 콜로세움은 경기장 오리지널 바닥이 모두 파손되었기 때문에 지하가 그대로 내려다보인다. 무대를 내려다보는 관객석은 4층으로 되어있고, 1층은 황제와 귀족, 2층은 부자 시민, 3층은 일반 시민, 4층은 가난한 시민과 여자들이 앉는 자리였다. 5천 명이 앉을 수 있는 원형의 관객석은 확실히 그리스 건축법을 토대로 로마인이 만든 위대한 건축물이다. 그러나 그 위대한 건축물을 짓기 위해 유대인 포로들이 희생되었다는 사실을 잊어서는 안 된다. 10만 명의 유대인 전쟁 포로들이 로마로 끌려와서 콜로세움에서 강제 노동을 해야 했고, 일부는 강제로 검투사가 되어야 했다.

로마에서 검투사 경기가 인기를 끌자, 검투사 역시 부와 인기를 누리는 인기 직종이 되었다. 나중에는 검투사 양성소까지 생길 정도였다. 하지만 그 이전의 검투사들은 전쟁 포로나 사형수들이었다. 그리스도인이 성지로서 콜로세움을 바라볼 때는 콜로세움에 앉아있었던 관객의 시선으로 경기장을 관람할 것이 아니라, 콜로세움 지하를 내려다 보아야 할 것이다. 콜로세움에서는 사형수들의 사형 집행도 구경거리로서 보여주었기 때문에 지하에 사형수들을 가둬두었다. 그 사형수들 중에는 그리스도인이어서 잡혀 온 사람들도 있었던 것이다.

죄인들과 검투사들 그리고 그리스도인들이 갇혀있었던 콜로세움 지하의 환경은 끔찍하게 열악했다. 불빛도 없었고, 콜로세움 무대로 내보낼 동물들도 갇혀있었기 때문에 냄새까지 지독했다. 바로 머리 위 지상에서는 검투사 경기와 각종 볼거리에 신이 난 5천 명의 관중들이 함성을 지르고 있었을 테니, 그것이 지하 어둠에 갇힌 사람들에게는 죽음의 사자들의 울부짖음으로 들렸을 것 같다. 지하에서 공포심을 이기지 못하고 자살한 검투사들의 기록도 남아있다.

그러나 그리스도인들은 순교당할 것을 두려워하지 않고 기다렸을 것이다. 그리스도인들은 로마의 전통 신이나 황제상에 절하기만 해도 살 수 있었지만, 자신의 목숨을 살리는 것보다 그리스도인으로 죽는 것을 택했다. 콜로세움 무대에서 죽어가는 자신의 모습이, 관객석에서 지켜보는 이들에게 복음을 전하는 마지막 몸짓이 되기를 기도하며 죽어갔을지도 모른다.

콜로세움의 첫 번째 기독교 순교자는 성 이그나티우스(St. Ignatius)로 알려져 있다. 이그나티우스가 사자에게 던져지기 전에 "나는 밭의 곡식과 같으니 사자의 이빨에 갈아야 주님의 식탁에 합당할 수 있겠구나"라고 외쳤다.

이그나티우스가 순교한 후 얼마 지나지 않아 115명의 기독교인들이 콜로세움에서 화살에 맞아 순교당했다. 400년 동안 이어진 콜로세움에서의 경기로 죽은 이들이 40-50만 명에 이른다. 매년 콜로세움 안에서 8,000명 정도가 사망했다. 콜로세움 안에서 순교한 그리스도인은 3,000여 명이라고 한다.

✤ 많은 그리스도인들도 순교 전 갇혀있었던 콜로세움 지하

* 콜로세움 아치에 그려진 예루살렘 벽화

콜로세움 2층에서 출구로 가기 위해 계단을 내려오면 예루살렘 벽화를 볼 수 있다. 서쪽 아치 입구(Porta triumphalis)의 후면이다. 2천 년 전 콜로세움 벽은 그리스 신화나 검투사 경기 모습들이나 로마식 무늬들로 화려하게 그려져 있었다.

현재의 콜로세움 안에 예루살렘 그림이 그려진 것은 깊은 의미가 있어 보인다. 17세기의 작품이고, 7미터 높이에 15제곱미터(4.5평) 벽화이다. 2020년에 복원한 모습이다. 솔로몬 성전이 있는 예루살렘은 직사각형의 성벽으로 둘러싸여 있고, 왼쪽 아래에 십자가 형을 받는 골고다 언덕이 보인다. 벽화가 높이 있어 잘 안 보이지만 예수님께서 십자가에서 돌아가시고 부활하시기까지를 시간적인 순서로 표현하고 있다.

이 벽화를 올려다보는 동안 전자 음색의 고대 로마 악기 소리를 듣게 된다. 이 벽화를 위한 멀티미디어가 설치되어 음악과 함께 그림에 인공 조명이 투사되는 시간도 있다. 빛과 소리와 이미지를 통해 예루살렘을 감상할 수 있는 곳이다. 콜로세움 벽에 그려진 그리스도 시대의 예루살렘 벽화 덕분에 콜로세움의 기독교 성지로서의 의미가 더해지는 것 같다.

콜로세움을 아레나라고도 하는데, 영어 성경의 고린도전서 4장 9

❖ 예루살렘이 그려져 있는 벽화

절에 '아레나'라는 단어가 분명히 기록되어 있는 게 놀랍다.

내가 생각하건대 하나님이 사도인 우리를 죽이기로 작정된 자 같이 끄트머리에 두셨으매 우리는 세계 곧 천사와 사람에게 구경거리가 되었노라

For it seems to me that God has put us apostles on display at the end of the procession, like those condemned to die in the *arena*.

8장
로마 성지의 오벨리스크

33.

로마 성지에는 왜 오벨리스크가 있을까?
– 13개의 오벨리스크
obelisk

> 그는 헬리오폴리스에 있는 태양신 라의 신전 돌기둥들도 깨뜨려 버리고 애굽의 신전들을 모조리 불태워 없앨 것이다
>
> 예레미야 43:13

하나님은 예레미아 선지자를 통해 이집트에 심판이 있을 것을 말씀하셨다. 헬리오폴리스는 태양신을 섬기는 중심지였다. 이집트 태양신 이름이 '라'였고, 신전 돌기둥이 '오벨리스크'였다. 하나님께서 말씀하신 대로 이집트의 오벨리스크들은 부서지거나 다른 나라로 옮겨져, 지금 이집트에는 5개만 남아있다. 이집트의 오벨리스크를 제일 많이 가지고 있는 곳은 로마이다. 총 48개의 오벨리스크가 있었는데, 로마 제국이 멸망한 후 오랫동안 버려져 있었고 현재 13개의 오벨리스크만 남

았다.

로마를 순례하다 보면 이집트에 있어야 할 오벨리스크가 로마의 중요한 성지마다 세워져 있는 것을 보게 된다. 오벨리스크를 처음 로마에 가져온 이는 아우구스투스 황제였다. 이집트 정복을 기념하기 위해 헬리오폴리스에서 두 개의 오벨리스크를 가져왔다. 태양신의 나라를 정복했다는 상징이면서, 황제의 권력이 태양신보다 더 높아졌다는 것을 보여주려는 목적이 있었다.

아우구스투스 이후의 황제들도 이집트의 오벨리스크를 로마로 가져왔다. 황제의 전차 경기장에 세우고, 황제의 묘지 등에 세웠다. 그러다가 1586년 교황 식스토 5세가 로마 주요 성지에 오벨리스크를 세우기 시작했다. 로마 가톨릭 교회의 힘을 보여주려는 의도도 있었지만, 당시 로마 성지를 찾아오는 순례자들을 위해 멀리에서도 주요한 성지를 알아볼 수 있도록 표시하려는 목적도 있었다. 로마로 들어오는 성벽 문 안쪽에도 오벨리스크를 세워 로마에 도착한 순례자들을 맞이하는 역할을 하게 했다.

로마의 오벨리스크는 진품과 복제품으로 나누어진다. 13개의 오벨리스크 중 8개는 이집트에서 가져온 진품이고, 5개는 로마에서 제조한 것이다. 로마에서 만든 오벨리스크에는 이집트 상형문자 대신에 로마 황제의 업적이 쓰여있다.

로마의 오벨리스크 중에는 오벨리스크 끝에 십자가가 세워져 있는 것들이 많다. 기독교가 이교도를 이겼다는 승리의 십자가를 의미한다. 이집트에 세워져 있을 때는 태양신을 숭배하는 기둥이었지만 로마 주요 성지 앞에 세워지면서 기독교 승리의 상징이라는 인위적인 의미가 부여됐다. 오벨리스크 자체가 성지의 상징인 것은 아니다. 그러나 오벨리스크는 중세 이후 로마 가톨릭교의 힘을 과시하는 데 사용되기 시작했고, 르네상스에 이르러서는 교회의 영광을 나타내는 용도로까지 쓰였다.

① 라테라노 성 요한 교회 광장의 오벨리스크

로마에서 가장 오래되고 가장 높은 오벨리스크이다. 31미터 높이의 붉은색 오벨리스크는 주전 15세기에 이집트 알렉산드리아의 신전에 세워진 것이다. 4세기 콘스탄티누스 황제가 로마로 가져왔다. 처음에 치르코 마시모(대전차 경기장)에 세웠는데 로마제국이 무너지면서 이 오벨리스크도 버려졌다. 16세기 교황 식스토가 세 조각 난 채 발견된 오벨리스

✤ 성 요한 교회 광장의 오벨리스크

를 복구해서 라테라노 성 요한 교회 광장 앞에 세웠다.

② 성 베드로 교회 광장의 오벨리스크

✤ 베드로 광장의 오벨리스크

기원전 13세기 이집트 아스완(Aswan)에서 하나의 돌로 만들어졌다. 높이 25미터로 로마에서 두 번째로 높은 오벨리스크이다. 37년 로마 황제 칼리굴라가 성 베드로 광장에 있었던 네로 경기장을 장식하기 위해 이집트에서 가져온 오벨리스크이다.

오벨리스크 상형문자는 이교도의 문자여서 지워졌다. 식스토 교황의 주도하에 150마리의 말을 동원해 광장 중앙으로 옮겼고 오벨리스크 위에 십자가를 세웠다. 베드로 광장 중앙에 놓이게 된 오벨리스크는 해시계로도 사용된다. 그림자를 이용하여 시간을 측정할 수 있도록 바닥에 하얀색 선이 표시되어 있다.

성탄절에 아기 예수님의 탄생을 축하하기 위해 교황청은 오벨리스크 앞에 베들레헴 마구간과 구유를 장식한다.

③ 포폴로 광장의 오벨리스크

로마의 북쪽에서 오는 성지 순례자들은 아우렐리아 성벽 북문으로 로마에 도착하게 된다. 그리고 제일 먼저 보게 되는 것이 포폴로 광장(Piazza del Popolo)의 오벨리스크이다. 북쪽 성문으로 들어오는 길이 플라미니아 가도(Via Flaminia)라서 이 오벨리스크를 플라미니오(Flaminio) 오벨리스크라고 부른다.

✤ 포폴로 광장의 오벨리스크

플라미니오 오벨리시크는 주전 12세기경 이집트 헬리오폴리스에 파라오 람세스 2세가 세운 것이다. 기원전 10년에 아우구스투스 황제가 이를 로마로 가져왔다. 아우구스투스는 이 오벨리스크도 전차 경기장 중앙에 세웠는데, 1587년 식스토 교황이 포폴로 광장으로 옮겼다. 오벨리스크 남쪽으로는 세 갈래의 길이 있다. 맨 왼쪽 길을 따라가면 스페인 광장과 연결되고, 중앙 길은 한때 말 경기를 하던 코르소 가도(Via del Corso)이다. 지금은 로마의 대표적인 쇼핑 거리가 되었다.

④ 나보나 광장의 오벨리스크

로마의 명소 나보나 광장(Piazza Navona)에 있는 오벨리스크는 1세기

✤ 나보나 광장 오벨리스크

로마 황제 도미티아누스에 의해 세워졌다. 도미티아누스 황제는 현 나보나 광장 자리에 체육 경기장을 만들었는데, 체육 경기를 아고날리(Agonali)라고 불렀기 때문에 이 오벨리스크 이름이 아고날레(Agonale) 오벨리스크이다. 높이 16.54미터이다. 체육 경기장 관중석이 있었던 곳에 지금은 나보나 광장을 감싸고 있는 건물들이 있다.

아고날레 오벨리스크 돌은 이집트 아스완에서 가져왔지만, 거기에 새겨진 것은 도미티아누스 황제와 그의 가족 플라비우스를 찬양하는 문장이다. 즉, 이 오벨리스크는 로마가 만든 모조품이다.

콘스탄티누스 황제와 황제권을 두고 싸우다 죽은 막센티우스가 이 오벨리스크를 아피아 가도로 옮겼다. 아들이 죽자 그의 묘에 세운 것이다. 그러다 17세기 교황 인노첸시오(Innocenzo) 10세에 의해 나보나 광장으로 다시 이전되었다. 나보나 광장에 있는 교황 인노첸시오 10세의 건축물인 팜필리 궁전 앞에 세우기 위해서였다.

오벨리스크는 조각가 베르니니가 4대강(나일강, 갠지스강, 다뉴브강, 라플라타강)을 의인화해 만든 조각 분수 위에 세워져 있다. 4대강은 각각 아프리카, 아시아, 유럽, 미국을 의미한다. 오벨리스크 꼭대기에는 십자가 대신 올리브 가지를 문 비둘기 청동 조각이 있다. 비둘기는 성령을 상징하고 올리브 가지는 하나님의 평화를 의미한다.

⑤ 스페인 광장의 오벨리스크

스페인 광장의 계단 끝에 세워진 오벨리스크이다. 상형문자가 쓰여있어서 이집트에서 가져온 것 같지만, 로마가 만든 오벨리스크이다. 상형문자도 포폴로 광장에 있는 이집트 오벨리스크의 상형문자들을 복사해서 장식한 것이다. 18세기 피오 6세 교황에 의해서 지금의 스페인 계단 위에 세워지게 되었다.

✤ 스페인 광장의 오벨리스크

오벨리스크 뒤에 삼위일체(Trinita dei monti) 교회가 있다. 1484년 프랑스 수도원이 되었고, 그 수도원에 16세기 프랑스 왕 루이 12세가 교회를 세웠다. 이곳은 원래 고대 율리우스 카이사르의 부자 친구의 정원이었는데, 나중에 티베리우스 황제가 소유하게 되었고 그 후 베스파시아누스, 네르바, 아우렐리우스 황제들이 다투어 자신의 정원으로 삼았다. 즉 스페인 광장 오벨리스크는 로마 황제들이 대대로 탐냈던 장소에 세워진 셈이다. 오벨리스크 중에서는 가장 전망이 좋은 곳에 위치한다고 볼 수 있다.

⑥ 퀴리날레 광장의 오벨리스크

✢ 퀴리날레 광장의 오벨리스크

퀴리날레 광장은 로마 신 퀴리누스(Quirinus)에게 바쳐진 신전이 있었던 곳이다. 퀴리누스는 '창'이라는 의미인데, 로마의 첫 번째 왕 로물루스를 '창으로 무장한 신'으로 표현하기 위해 퀴리누스신의 얼굴을 묘사할 때 로물루스의 얼굴을 사용했다고 한다. 이곳 광장이 퀴리날레인 것도 퀴리누스의 이름에서 유래한 것이다. 지금은 대통령궁이 있다. 이 궁은 원래 16세기 교황 그레고리오 13세의 여름 궁전으로 지어진 것이다.

퀴리날레 광장에 있는 오벨리스크는 성모 마리아 대교회에 있는 오벨리스크와 쌍둥이이다. 두 오벨리스크는 아우구스투스 황제 영묘 앞에 세워져 있었다. 높이가 14.64미터이다. 비문이 없어 기원과 날짜는

불확실하지만, 이집트로부터 붉은 아스완 화강암 통돌을 가져와 로마에서 제조한 것이다.

오벨리스크 양측면에 말을 안고 있는 두 명의 남성 인물 조각이 있다. 콘스탄티누스 목욕장에서 가져온 디오스쿠리(Dioscuri) 조각상이다. 디오스쿠리는 그리스 신화에서 나오는 제우스의 쌍둥이 아들이다.

⑦ 성모 마리아 교회 에스퀼리노 언덕의 오벨리스크

퀴리날레 광장의 오벨리스크와 쌍둥이 오벨리스크이고, 아우구스투스 황제 영묘 앞에 함께 세워져 있었다. 오벨리스크는 보통 교회 앞에 세우는데, 에스퀼리노 광장의 오벨리스크는 교회 뒤편에 세워져 있

✣ 성모 마리아 대교회 뒤편에 세워진 오벨리스크

는 것이 특징이다. 오벨리스크가 세워신 북쪽 방향에서 오는 순례자들이 에스퀼리노 언덕의 성모 마리아 교회 성지를 멀리에서도 쉽게 볼 수 있도록 하기 위해서였다. 퀴리날레 광장의 오벨리스크와 같이 이집트 화강암을 사용해 로마에서 제작한 오벨리스크이다. 1587년 교황 식스토 5세에 의해 세워졌다.

⑧ 미네르바 교회 광장의 오벨리스크

❖ 미네르바 교회 광장의 오벨리스크

판테온 근처에 있는 산타 마리아 소프라 미네르바(Santa Maria sopra Minerva) 광장에 세워진 오벨리스크는 코끼리상에 받쳐진 모습이 특징이다. 미네르바 오벨리스크(Minerva Obelisk)로 불리는데, 고대 미네르바 사원 위에 세워진 산타 마리아 소프라 미네르바의 도미니크회 수녀원 정원에서 이 오벨리스크가 발견되었기 때문이다. 미네르바(Minerva)라는 같은 이름의 교회가 오벨리스크 뒤에 있다.

이 오벨리스크는 높이가 5.47미터로 비교적 작지만, 붉은 화강암 위에 상형문자가 새겨진 이집트 진품이다. 기원전 6세기 이집트 나일 강 근처에 세워져 있었던 오벨리스크를 로마가 가져온 것이다. 오벨리스크를 받치고 있는 코끼리 장식은 베르니니의 작품이고 코끼리는 지성과 미덕의 상징이다.

⑨ 핀초(Pincio) 언덕의 오벨리스크

보르게세 공원 옆 핀초 언덕에 작은 크기의 오벨리스크가 있다. 하드리아누스 황제가 무척 사랑했던 친구가 있었는데, 그의 이름이 안티누스(Antinous)였다. 안티누스는 이집트 나일강에서 젊은 나이에 사망했다. 황제는 죽은 친구의 무덤 위에 오벨리스크를 세웠다. 그래서 핀초 언덕의 오벨리스크는 안티누스 오벨리스크로도 불린다. 이집트 화강암으로 로마

✣ 핀초 언덕의 오벨리스크

에서 제작한 복제품이다. 지금의 오벨리스크는 1822년 비오 7세에 의해 복원되어 세워진 것이다.

⑩ 판테온(Pantheon) 광장의 오벨리스크

판테온 광장에 세워진 오벨리스크는 이집트 파라오 람세스 2세가 헬리오폴리스 신전 앞에 세워두었던 오벨리스크 중 하나였다. 아스완 화강석이고 전체가 1개의 돌인 진품이다. 산타 마리아 소프라 미네르바 교회 근처 이시스 신전에 있었다가 1711년 클레멘스 11세에 의해 판테온 광장으로 옮겨졌다. 오벨리

✣ 판테온 오벨리스크

스크 하단에 세워진 분수는 바리지오니(Barigioni)의 작품이다. 오벨리스크 뒤쪽에 보이는 판테온은 아그리파에 의해 세워진 만신전이었다. 지금의 모습은 하드리아누스 황제에 의해 세 번째로 건립된 것이다.

⑪ 몬테 치토리오(Monte Citorio) 광장의 오벨리스크

❖ 국회의사당 앞 몬테 치토리오 광장의 오벨리스크

몬테 치토리오 광장에는 이탈리아 하원 국회의사당이 있다. 이집트 헬리오폴리스에서 아우구스투스 황제가 가져온 진품 오벨리스크가 국회의사당 앞에 있다. 아우구스투스 황제가 이집트 정복을 기념하기 위해 황제의 전차 경기장에 세웠던 오벨리스크였다. 정복한 나라에 대한 관용 정치 '팍스 로마나'를 알리려는 목적도 있었다.

아우구스투스는 오벨리스크 위에 청동으로 해시계를 설치하게 했다. 이 오벨리스크는 로마제국이 무너진 후 행방불명되었다가 교황 율리우스 2세(1503-1513년) 때 중세 건물 밑에서 쓰러진 채로 발견되었다. 그 후 식스토 5세가 파괴되었던 오벨리스크를 복구해서 지금의 몬테 치토리오 광장에 세웠다.

⑫ 레푸블리카(Repubblica) 광장의 오벨리스크

테르미니역 근처에 작은 오벨리스크가 숨어있는 듯 세워져 있다. 원래 테르미니역 앞에 세워져 있었는데 레푸블리카 광장 쪽으로 옮긴 것이다. 모두 디오클레티아누스 황제의 거대한 목욕장에 해당되는 구역이다. 오벨리스크 높

✥ 레푸블리카 광장의 오벨리스크

이는 6.34미터이고, 람세스 2세가 만든 이집트 진품 오벨리스크이다.

1883년에 만들어진 이 오벨리스크는 '도갈리(Dogali)' 오벨리스크라고 불린다. 에디오피아 도갈리 전투에서 전사한 548명의 이탈리아 군인들을 기리기 위해 세워졌기 때문이다. 오벨리스크 하단에 전사한 군인들을 추모하는 글이 새겨져 있다. 로마 시민들은 전사한 군인들을 기리는 오벨리스크기 데르미니역 잎에 세워서 있는 것을 좋아하지 않았다. 그래서 새로운 테르미니역이 건축되었을 때, 오벨리스크를 지금의 위치로 옮기게 되었다.

⑬ 빌라 첼리몬타나(Villa Celimontana) 오벨리스크

로마의 공공 광장에 위치하지 않은 유일한 오벨리스크이다. 콜로세

❖ 빌라 첼리몬타나 오벨리스크

움 근처 첼리오(Celio) 언덕에 로마의 이집트 진품 오벨리스크 중 하나가 세워져 있다. 빌라 첼리 몬타나 시민 공원 안에 람세스 2세 오벨리스크가 있다. 로마 귀족 마테이의 빌라였었다. 그래서 이 빌라 안에 있는 오벨리스크를 마테이아노(Matteiano)라고 부른다. 오벨리스크는 원래 카피톨리노 언덕 이시스(Isis: 이집트 신 오시리스의 아내) 신전을 장식하기 위해 세워졌다가 마테이 가문 저택으로 옮겨진 것이다.

마테이 가문은 로마 성지 순례자들에게 음식과 숙소를 제공한 가문으로도 알려졌다. 마테이 저택에 세워진 오벨리스크는 원래 7미터였는데, 현재는 위쪽 3미터만 남아있다. 이 남겨진 부분만 람세스 2세 이름이 쓰여진 진품이다.

9장

아우구스투스 황제 때 태어나신 예수님

34.
예수님은 왜
아우구스투스 황제 때 태어나셨을까?
- 아우구스투스 황제의 영묘와 평화의 제단
Ara Pacis

기원전 44년 카이사르가 살해되었을 때, 그의 후계자가 될 옥타비아누스는 오늘날의 알바니아에서 유학 중이었다. 양부 카이사르가 죽었다는 소식을 들은 옥타비아누스는 황급히 로마로 돌아왔다. 카이사르를 살해한 주동자들을 국가의 적으로 간주하고 시민 폭동이 나도록 여론 몰이를 한 이가 당시 스무 살도 안 된 청년 옥타비아누스였다. "카이사르를 사랑하지 않은 것이 아니라 로마를 더 사랑해서 카이사르를 죽인 것이다"라고 외쳤던 부르투스는 쫓기다 자결했다.

카이사르가 후계자로 옥타비아누스를 지명한 유언장이 공개되자 원로원은 술렁거렸다. 옥타비아누스는 뛰어난 언변으로 할아버지뻘 되는 원로원들의 마음을 사로잡았다. 역시 카이사르가 선택한 인물은 탁월했다.

그러나 옥타비아누스가 카이사르의 후계자가 되는 데 걸림돌이 하나 있었다. 한때 카이사르의 오른팔이었던 안토니오였다. 안토니오는 옥타비아누스에게 쫓겨 이집트까지 가게 되는데, 카이사르의 전 애인이었던 이집트 여왕 클레오파트라와 사랑에 빠지게 된다. 바람둥이였던 카이사르는 클레오파트라와 잠시 열정을 나눈 정도였지만, 안토니오는 로마의 땅을 이집트에 주겠다는 약속을 할 정도로 눈먼 사랑에 빠졌다.

로마는 안토니오를 내버려 둘 수 없었다. 원로원은 옥타비아누스를 지원했다. 옥타비아누스와 안토니오의 '악티움 해전'은 유명하다. 옥타비아누스는 뛰어난 전략가 군인 아그리파 덕분에 이겼고, 안토니오와 클레오파트라의 사랑은 죽음을 함께하며 끝이 났다. 클레오파트라는 이집트 역사의 마지막 파라오가 되었다.

옥타비아누스는 이집트를 정복한 상징으로 오벨리스트를 가져와 로마 곳곳에 세웠다. 이집트의 발달된 문명과 문화가 로마에 들어오기 시작했고, 이집트 스타일이 대유행했다.

옥타비아누스는 '아우구스투스(존엄한 자)'라는 명예로운 호칭을 얻으며 사실상 황제가 되었다. 아우구스투스는 주전 27년부터 주후 14년까지 40년 동안 로마를 통치했다. 전쟁이 없는 평화의 시기를 보내서 '팍스 로마나' 시대로 불린다.

아우구스투스는 30세가 되었을 때 자신의 영묘를 만들기 시작했다. 이 영묘가 있는 곳이 판테온에서 멀지 않다. 아우구스투스는 75세까지 살았으니 영묘를 너무 일찍 만들어 놓은 셈이었다.

❖ 평화의 제단 박물관에 전시된 모형 사진.
과거 군사 훈련에 사용되었던 캄포 마르지오를 재구성하였다.
아우구스투스 영묘 맞은편에 판테온이 있다.

영묘와 판테온 사이에는 이집트에서 가져온 오벨리스크가 세워졌다. 현재 국회의사당 앞에 있는 오벨리스크이다. 이 오벨리스크는 특별히 해시계 용도로도 사용했다. 오벨리스크가 영묘가 있는 북쪽으로 그림자가 질 때가 '정오'였다.

아우구스투스가 갈리아(프랑스), 스페인 원정에서 승리하고 돌아오자, 원로원은 로마에 평화를 가져다준 아우구스투스를 위해 제단을 세웠다. 이것이 바로 '아라 파치스', 평화의 제단이다. 아우구스투스 영묘 바로 옆에 있다. 원래의 자리는 해시계용 오벨리스크 근처였지만, 무솔리니 시대에 지금의 자리로 옮겨졌다. 원래 아라 파치스가 있던 곳은 수해 탓에 바닥 쪽이 잠겨있어서 물을 얼려서 유적을 꺼냈다고 한다.

현재 아라 파치스가 있는 박물관은 모던한 디자인으로 꾸며져 있다. 무솔리니 때 유대계 미국인 건축가 리처드 마이어(Richard Meier)가 건축했다.

✤ 모던한 건축인 아라 파치스 박물관

이 박물관은 오직 아라 파치스만을 위해 만들어졌다. 아라 파치스는 대리석으로 지어졌고, 이 제단으로 들어가는 입구 양옆으로 로마의 건국 신화가 부조로 묘사되어 있다.

✣ 평화의 제단, 아라 파치스

왼쪽 위의 부조는 테베레강에 버려졌던 쌍둥이 형제 로물루스와 레무스가 늑대의 젖을 먹고 있는 장면이다. 지팡이를 쥐고 있는 양치기 목자가 쌍둥이 아기를 발견한다. 쌍둥이의 친부였던 전쟁의 신 마르스가 쌍둥이를 옆에서 내려다보고 있다.

오른쪽 부조는 트로이 전쟁에서 빠져나온 트로이 왕자 아이네이아스가 바다를 항해해서 로마에 도착하는 내용이다. 아이네이아스의 자손으로 로물루스와 레무스가 연결된다. 그래서 로마에서는 아이네이아스의 어머니인 비너스 여신이 중요하게 다뤄진다. 제단의 앞쪽 벽 부조를 통해 로마의 건국과 로마의 평화를 연결시키고 있음을 볼 수 있다.

제단의 뒤쪽으로 가면 제단으로 들어가는 또 다른 입구가 있는데, 이 방향이 고대 때 동물들이 희생 제물이 되기 위해 들어가던 쪽이었다. 로마의 모든 신에게 바치는 희생제였다.

❖ 동물 희생제를 치렀던 아라 파치스 제단 뒷면

뒤쪽 제단 벽 양쪽에도 부조가 있는데, 왼쪽 중앙에 대지의 여신이 있고, 양쪽 어린아이들은 땅에서 수확한 작물들을 의미한다. 대지의 여신 양옆으로 요정이 있는데, 공기와 물의 요정이다.

제단 양 측면 벽에는 아우구스투스 가문의 인물들이 행렬하는 부조가 있다. 아우구스투스를 신격화하려는 의도로 새겨진 부조들이다.

✣ 아우구스투스 황제 가문 행렬 부조

아라 파치스가 완성되는 데 3년이 걸렸고, 오리지널 아라 파치스는 대리석 위에 화려한 색상이 입혀져 있었다. 아우구스투스는 기원전 9년, 부인 리비아의 생일에 제막식을 했다. 리비아는 아우구스투스의 세 번째 부인인데, 아이까지 있었던 유부녀였다. 아우구스투스와 리비아 사이에서는 아이가 생기기 않았다.

아우구스투스는 후계자를 만들기 위해 두 번째 아내와의 사이에서 얻은 딸 줄리아를 조카인 마르첼로와 결혼시켰다. 마르첼로가 죽자, 두 번째 남편으로 아그리파와 결혼시켰다. 줄리아와 아그리파 사이에서는 5명의 자녀들이 태어났다. 그러나 불행히도 모두 일찍 세상을 떠났다. 자신의 혈육을 후계자로 세우고 싶었던 아우구스투스의 평생 소원은 이뤄지지 않았다. 결국 최종적으로 결정된 후계자가, 리비아가 전 남편과의 사이에서 낳은 아들 티베리우스였다.

아우구스투스 영묘는 아라 파치스의 뒤편 통유리 벽 밖으로 잘 보인다. 육안으로 볼 때는 별로 높게 느껴지지 않지만 실제로는 98미터 높이로, 48미터인 천사의 성보다 더 높다. 하드리아누스 황제가 자신의 영묘를 지을 때 아우구스투스 영묘보다 더 높이 짓고 싶은 욕망은 없었나 보다.

예수님은 아우구스투스 황제 때 유대 땅에서 태어나셨다. 로마가

✣ 아우구스투스 황제의 영묘

공화정 시대를 끝내고, 많은 속주국을 거느리는 로마제국 시대로 진입할 때 예수님이 태어나신 데는 뜻이 있을 것이다. 제국 시대가 시작되기 전, 공화정 말기 카이사르 때에 유대 땅이 로마의 속주가 된 데에도 이유가 있을 것이다.

예수님은 아우구스투스를 이은 두 번째 황제 티베리우스 때에 십자가에서 돌아가셨다. 티베리우스를 이어 칼리굴라가 황제가 되었을 때 로마의 유대인 인구가 급속히 늘었다. 기독교인들과 전통 유대인 사이에 잦은 충돌이 생기기 시작했다. 이 충돌을 잠재우고자 사도 바울은 「로마서」를 썼다.

칼리굴라 다음으로 황제에 오른 클라우디우스는 로마에서 사회 혼란을 일으키는 모든 유대인들을 로마 땅에서 쫓아냈다. 마가의 다락방에서 성령 세례를 받았던 유대인들이, 기독교인이 되어 로마로 돌아와 교회를 세우던 중에 쫓겨난 것이다. 전도 여행 중이었던 바울은 로마에서 쫓겨난 기독교인들을 만날 수 있었고, 그들은 바울이 로마에 왔을 때 그를 돕는 동역자들이 되어주었다.

로마 시민이라면 전 세계의 땅을 마음껏 다닐 수 있었던 로마제국 시대였기 때문에, 로마 시민권을 가진 바울은 이 시기 마음껏 전도 여행을 할 수 있었다. 예수님이 왜 로마제국 시대를 연 아우구스투스 황제 때 태어나셨는지 그 이유를 조금 알 것 같아진다.

10장

루터의 자취

35.

개신교의 탄생, 루터의 종교개혁
- 포폴로 광장의 산타 마리에 델 포폴로 교회
Santa Maria del Popolo

　종교개혁은 독일인 사제 마틴 루터로부터 시작되었다. 그는 1517년 독일 비텐베르크 교회 정문에 95개조의 반박문을 붙임으로써, 가톨릭에 반항하는 프로테스탄트의 문을 열었다. 루터가 로마에 온 것은 반박문을 쓰기 7년 전쯤이었다. 당시에도 로마는 가톨릭의 성지였고 유럽 각국에서 수많은 순례자들이 방문하는 곳이었다. 루터도 다른 순례자와 같은 마음으로 한 달 반이나 걸어 로마에 도착했다.

　루터가 로마 성안으로 들어오기 전에 멀리서 로마 정경을 처음 볼 수 있었던 곳이 몬테 마리오(Monte Mario)였다. 지금은 그 언덕에서 베드로 교회의 돔이 보이지만, 루터가 왔을 때는 돔이 건설되기 전이었다. 루터는 로마를 바라보며 순례자의 감동에 젖어 말했다. "거룩한 로마여, 당신께 경의를 표합니다."

루터는 몬테 마리오에서 플라미니오 길(Via Flaminio)을 걸었다. 북쪽에서 오는 모든 순례자들은 플라미니오 길을 따라 로마 북쪽 성문으로 들어가야 했다. 성문 도착하기 전에 테베레강 다리를 건너게 된다. 폰테 밀비오(Ponte Milvio)이다. 밀비오 다리는 312년 콘스탄티누스가 황제권을 두고 다투던 라이벌 막센티우스와 결전을 벌였던 곳이다. 콘스탄디누스는 밀비오 다리에 도착하기 전에 하늘의 십자가를 보았고, 방패에 십자가 표시를 하고 싸워 승리했다. 그는 자신이 십자가의 도움을 받았음을 인정하고 황제가 된 후 기독교를 공인했다.

루터는 밀비오 다리를 건넌 후 다시 3킬로미터 정도 걸어 로마 북쪽 성문에 도착했다. 이 성문이 현재의 포르타 델 포폴로(Porta del Popolo, 민중의 문)이다. 루터가 통과할 당시에는 지금의 성문보다 작았고 지금처럼 화려하지도 않았다. 지금은 성문으로 들어가면 포폴로 광장 중앙의 오벨리스크를 볼 수 있지만, 루터가 로마에 왔을 때는 아직 없었다. 아우구스투스 황제 때 이집트에서 가져온 이 오벨리스크는 당시 치르코 마시모(전차 경기장)에 있었다.

루터는 성문을 통과하자마자 바로 왼편에 있는 수도원으로 갔다. 루터는 어거스틴(아우구스티누스) 수도회 수도사였고 이 수도원이 로마에서 어거스틴 수도회에 속한 유일한 숙소였다. 지금의 산타 마리아 델 포폴로(Santa Maria del Popolo) 교회이다. 루터는 수도회에서 주는 식사가 호화로워서 식사를 거부했다고 한다. 그가 독일 어거스틴 수도원의 '음식은 목숨을 부지할 만큼만 먹으라'라는 규칙 속에서 살았기 때문이다.

4주 동안 루터는 로마의 성지 곳곳을 방문했다. 바티칸과 카타콤베, 성 요한 교회를 찾아갔고, 스칼라 산타(예수님께서 빌라도에게 재판을 받기 위하여 올라가신 계단을 옮겨다 놓은 성지)에서는 무릎으로 계단을 오르며 기도했다.

그러나 루터는 밤마다 로마 어거스틴 수도원 침상에서 착잡한 심정으로 잠이 들었다. 왕궁 같았던 바티칸의 모습이 떠올랐다. 사제들의 타락한 모습들도 떠올랐다. 교황의 면죄부 판매에 대한 루터의 신념은 '죄는 교황이 사면할 수 없다'라는 것이었다. 그는 '기독교 신앙의 최종적인 권위는 교회가 아니라 성서'임을 믿었다. 루터는 로마의 어거스틴 수도원에서 훗날 개신교를 여는 선구자로서의 신앙을 시작했다.

그가 머물렀던 수도원인 산타 마리아 델 포폴로 교회는 공교롭게도 네로 황제의 무덤이 있었던 곳으로 전승되고 있다. 기독교를 박해하기 시작한 네로 황제의 무덤 위에 수도원이 세워지고 교회가 세워진 것이다. 성 밖 3킬로미터 지점에 있는 테레베강의 밀비오 다리는 네로 황제 때부터 박해당한 기독교인들에게 신앙의 자유를 준 콘스탄티누스를 황제로 만들어 준 승리의 장소였다. 콘스탄티누스 때부터 시작된 로마 가톨릭은, 루터가 콘스탄티누스 밀비오 다리를 건너고, 네로 무덤 자리에 세워진 수도원에 머물면서 '성경으로 돌아가자'라는 신앙 개혁의 새 줄기를 시작했다.

바울로부터 시작된 로마의 그리스도교는 네로 황제 때부터 박해받다가 그로부터 300년이 지난 콘스탄티누스 황제 때 공인받았다. 다시 1,200년이 지났을 때, 마틴 루디가 부패해버린 기독교를 개혁해 보고자 일어났다. 이 모든 스토리가 산타 마리아 델 포폴로 교회와 성벽 밖의 밀비오 다리와 이어진다.

종교개혁의 시작점이었던 산타 마리아 델 포폴로 교회 안에는 로마 기독교의 시작이었던 바울의 그림이 있다. 바로크 거장 카라바조의 작품 <바울의 회심>이다. <십자가형을 받는 베드로 사도> 작품도 있다. 박물관에서 봐야 할 명화들이 교회 곳곳에 전시되어 있다는 것만으로도 로마는 여전히 매력적일 수밖에 없는 도시이다.

루터는 로마에서 독일로 돌아간 후 95개 반박문으로 가톨릭의 부패에 불을 질렀고 이 때문에 사제직에서 파문당했다. 루터가 호소하고 싶었던 것은 로마에 그리스도교를 처음 전파했던 바울과 같은 복음이었다. '하나님의 은혜는 하나님의 선물'이라는 것이다. 루터의 마음에 말씀의 검 하나가 꽂혔다.

✣ 카라바조 作, <바울의 회심>

✣ 카라바조 作, <십자가형을 받는 베드로 사도>

복음에는 하나님의 의가 나타나서 믿음으로 믿음에 이르게 하나니

기록된 바 오직 의인은 믿음으로 말미암아 살리라 함과 같으니라

로마서 1장 17장

❖ 루터는 어거스틴 수도원이 있는 산타 마리아 델 포폴로에서 머물렀다

✤ 루터가 로마에 입성한 문(Porta del Popolo). 안쪽 왼쪽에 산타 마리아 델 포폴로가 있다.

로마,
그리스도인으로 걷다

초판 1쇄 발행일 2025년 8월 18일

지은이 김미화

펴낸이 박영희
편 집 조은별
디자인 김수현
마케팅 김유미
인쇄·제본 AP프린팅

펴낸곳 도서출판 어문학사
주 소 서울특별시 도봉구 해등로 357 나너울카운티 1층
대표전화 02-998-0094 **편집부1** 02-998-2267 **편집부2** 02-998-2269
홈페이지 www.amhbook.com
e-mail am@amhbook.com
등 록 2004년 7월 26일 제2009-2호

X(트위터) @with_amhbook
인스타그램 amhbook
페이스북 www.facebook.com/amhbook
블로그 blog.naver.com/amhbook

ISBN 979-11-6905-048-7(03230)
정 가 20,000원

이 책의 저작권은 지은이와 도서출판 어문학사가 소유합니다.
이 책은 대한민국 저작권법에 의해 보호받는 저작물이므로, 무단 전재와 무단 복제를 금합니다.

※잘못 만들어진 책은 교환해 드립니다.